W0361408

Ralf Brier

Wie zu eigenen Kindern

Heimerziehung am Beispiel einer familienorientierten Kleineinrichtung

Kinderhaus Eiderstedt
Ralf Brier, Dipl.-Soz.päd.
Karkenstraat
D-25882 Tetenbüll
Telefon (0 48 62) 6 86
Telefax (0 48 62) 15 98

IGFH

Internationale Gesellschaft für erzieherische Hilfen

IGFH-Sektion Bundesrepublik Deutschland der Fédération Internationale des Communautés Educatives (FICE) e.V.

Erziehungshilfe-Dokumentationen, Band 7

Internationale Gesellschaft für erzieherische Hilfen (IGfH)
Schaumainkai 101-103, 60596 Frankfurt am Main
Telefon (069)633 986-0, Telefax (069)633 986-25

(c) **IGfH-Eigenverlag, Frankfurt/Main 1995**

Umschlagfoto: Sylvia Brier

Herstellung und Vertrieb: Walhalla Fachverlag, Regensburg

ISBN 3-925146-36-9

Inhalt

Dieses Buch widme ich, in aufrichtiger Anerkennung und Liebe, meiner Frau Sylvia, im Wissen um ihre elementare Bedeutung für unser Projekt und darüber hinaus für mich.

1.
Einführung

Wer kennt sie nicht, die Vorstellungen und Klischees, die es heute wie vor hundert Jahren über Kinderheime gibt. Jeder glaubt darüber sprechen und urteilen zu können und trägt damit nur Vorurteile weiter. Auch mir wird immer wieder einmal schulterklopfend etwas wie die folgenden Sätze zugetragen (dabei werden oft andere Leute vorgeschoben, man versteckt sich hinter Bekannten, Nachbarn und der "Allgemeinheit", zu der man sich dann in diesem Fall nicht selber zählt):

"Das schlechteste Elternhaus ist doch immer noch besser als ein gutes Kinderheim, sagte schon meine Mutter."

"Meine Nachbarn drohen ihrem Kind, wenn es nicht artig ist, daß es ins Heim kommt."

"Ist doch alles von den Eltern vererbt, da hilft nur ordentlich "druff-hauen", damit sie Ordnung und Disziplin lernen."

"Heimkinder werden später sowieso kriminell und arbeitsscheu."

"Die armen Waisenkinder brauchen Weihnachten doch auch Spenden, damit sie etwas bekommen können."

"Heimkinder sind doch eher arm, schlecht gekleidet und ungebildet."

"Adoption von Heimkindern kann nicht gutgehen, wer weiß, was die für Eltern haben."

Diese Beispiele könnte man beliebig fortführen. Immer schwingt eine sehr festgefügte Meinung über etwas mit, von dem die wenigsten jemals wirklich erfahren haben.

Diese Alltagsvorstellungen entsprechen nicht der Realität, weder der gesellschaftlichen noch der Heimalltags-Realität von heute. Sie sind somit kontraproduktiv für Verständnis und Akzeptanz. Vielmehr ist es wichtig, Licht in das diffuse Dunkel der Heimszene zu bringen und unmißverständlich klarzumachen, daß Heimkinder nicht Ausrutscher und Einzelfälle von verantwortungslosen Eltern sind, sondern daß Heimerziehung gesellschaftsimmanent ist und bleiben wird.

Die Diskussionen über Heimerziehung im allgemeinen und privater Einrichtungen im besonderen sind in den letzten Jahren zunehmend in den Vordergrund des Interesses, auch das der breiten Öffentlichkeit, gerückt. Wie so oft waren auch hier die Auslöser nicht gerade von dem Gedanken getragen, etwas zum Wohle anderer zu reformieren oder über Normalabläufe zu informieren. Ich wage zu behaupten, daß schwarze Schafe in Verbindung mit leeren Staatskassen zur Stimmungsmache dienlich waren und sind. Die schwarzen Schafe der Heimszene, die es unzweifelhaft gibt, werden, im Gegensatz zu den leeren Staatskassen, im folgenden keine Rolle mehr spielen. Dieses Buch soll eine von vielen Arten der Heimerziehung, familienorientierte Kleinheime, breiter verdeutlichen.

Der eigentliche Beweggrund, mich mit der Thematik 'Heimerziehung' zu beschäftigen, ist, daß ich in ihr - über Zufälle, wie ich heute sagen würde - meinen Lebensmittelpunkt gefunden habe und daß ich Klischeevorstellungen abbauen möchte. Es soll keine Lanze für die Heimerziehung generell gebrochen, sondern aus dem breiten Spektrum eine Form vorgestellt werden, die ich für die einzige Art von Heimerziehung halte, die menschlich-personell ausreichend strukturiert ist, um Reintegrationsprozesse zu fördern. Ich meine damit die Kleinst- und Kleineinrichtungen, die zum großen Teil private Einrichtungen sind und in denen Erwachsene neben den Kindern ihren Lebensmittelpunkt gefunden haben - und natürlich meine ich ganz besonders unsere Einrichtung. Über sie schreibe ich, nicht weil ich glaube, den Stein der Weisen gefunden zu haben, sondern weil ich hier auf Erfahrungen zurückblicken kann und eine Struktur mitgeprägt habe.

In der Hoffnung, die Diskussionen zum Thema Heimerziehung zu bereichern, zu versachlichen und transparenter (auch für Außenstehende) zu machen, möchte ich unser Projekt vorstellen. Vom Anfangsgedanken über die Planung bis hin zur Realisierung, von der extrem kräftezehrenden Aufbauarbeit, dem Finden des 'Gerüstes' und den unzähligen kleinen und großen Steinen, die aus dem Weg geräumt werden mußten. Diese persönlichen Erfahrungen werden nicht wissenschaftlich abgehandelt, sondern es werden aus praktisch-fachlicher Sicht reale Bezüge geschildert. Ebenso ist es wichtig zu verdeutlichen, warum es keine wirklichen Alternativen zur Heimerziehung geben kann, und warum ich menschlich-personelle Innovationen auch für die Heimerziehung und alle, die sich beruflich damit beschäftigen, für unerläßlich erachte.

Persönliche Stagnation von pädagogischen Mitarbeitern auf allen Ebenen bewirkt Verkrustung und bereitet den Boden für 'bloße Verwaltung' statt Förderung von Kindern. Ausnahmslos jeder ist gefragt, wenn es um persönliche Flexibilität und Fachlichkeit sowie um allgemeine Innovation am Arbeitsplatz geht. Gerade weil diese Arbeit eine in besonderer Form persönliche ist, kann sie immer nur einmalig sein. Das zentrale Moment auf allen Ebenen sind letztlich die Menschen, die darin leben. Ihre Kompetenz, ihre Stärken und Schwächen, ihre Entscheidungen und Empfindungen. Sie als Ganzes bestimmen in hohem Maße Geschick und Weg aller, und genau das unterscheidet Lohnpädagogik von - wie ich es nennen will - der ganzheitlichen "Eingabe". Auf alle Fälle handelt es sich bei dieser Arbeit um etwas, was dem gesellschaftlichen Trend gegenläufig ist. Es ist nicht vereinbar mit dem Gedanken der Freizeitgesellschaft und dem darin begrenzten Engagement in der Arbeit, einer 30- oder gar 20-Stundenwoche. Es ist Arbeit im Privaten oder Privatheit in der Arbeit.

Mit diesem Buch soll nichts glorifiziert und schön geredet werden, es stellt lediglich den Versuch dar, Bezüge aufzuzeigen sowie einen Einblick in eine bestimmte Form der öffentlichen Erziehungsarbeit zu geben. Es soll helfen, den Blick für Heime zu öffnen und auch zu schärfen. Am Beispiel eines "familienorientierten Kleinheims" wird dessen Planung, der Aufbau und der Alltag vorgestellt sowie ein Ausblick gegeben. Dazu gehört die Verdeutlichung von Umständen, die maßgeblich Organisation, Alltag und Fachlichkeit steuern ebenso wie der Blick auf die Klienten und das Fachkräftereservoir. Es ist ein betont persönlicher Blick, der versucht, die Einzigartigkeit des Arbeitens und Lebens mit Kindern sowie die Chance, die nur aus dieser Variante erwächst, zu verdeutlichen.

2.
Entwicklung des Projekts: Von der Idee zur Umsetzung

Eingangs sprach ich von Zufällen, die mich dazu brachten, in der heutigen Form zu leben. Nachdem ich als mäßiger Hauptschulabsolvent zwei Lehren, die eine mehr, die andere weniger freiwillig abgebrochen hatte, arbeitete ich als Fahrer und Lagerarbeiter, ehe ich durch eine glückliche Fügung, der meine Mutter Anschub verliehen hatte, als Bürobote im Pädagogischen Zentrum in Berlin tätig war. Beim Herumtragen der Post, Akten und Fachliteratur riskierte ich immer wieder einen Blick auf die Inhalte, und das war letztlich die Initialzündung für mein gesamtes weiteres Berufsleben. Ich beschloß und verkündete, daß ich über den zweiten Bildungsweg Realschulabschluß, Fachausbildung zum Erzieher und Studium in Angriff nehmen würde. Das war kein sehr gerader, kurzer Weg von A nach B, doch sollte sich gerade das im Nachhinein für mein Vorhaben als äußerst hilfreich erweisen.

In meiner Zeit als Erzieher hatte ich erste Kontakte zur Heimerziehung, und nachdem ich mein Anerkennungsjahr sowie ein weiteres Berufsjahr in einem Bezirksheim in Berlin absolviert hatte, wurde mir klar, daß **diese** Heimerziehung weder mir noch den Kindern etwas bringen würde.

Jahre später katapultierte mich die Studienplatzvergabe nach Kiel zum Sozialpädagogikstudium. Nach dem Studium haderte ich wieder mit dem Schicksal, das mich als Leiter eines Kieler Postwohnheimes (es hätte auch heißen können: als Pförtner) strafte. Was ich zu dieser Zeit noch nicht wußte: Ich hatte damit bereits eine weitere Grundvoraussetzung für mein heutiges Leben geschaffen. Ich habe meine sehr attraktive und resolute Frau geheiratet, ohne deren Unterstützung ich schon oft das Handtuch geworfen hätte, und ich habe in Schleswig-Holstein Fuß gefaßt, einem Bundesland, in dem es traditionell eine große Anzahl an Heimplätzen gibt.

Ich konnte, als es gefragt war, genügend Heimerfahrung nachweisen, um eine 'Befreiung', heute 'Betriebserlaubnis' für ein privates Heim beantragen zu können. Fest entschlossen, nicht länger 'Oberpförtner' bleiben zu wollen, meldete ich mich als arbeitssuchend beim Arbeitsamt und erhielt schließlich vom Fachvermittlungsdienst für besonders qualifizierte Fach- und Führungskräfte des Arbeitsamtes Kiel ein zunächst wenig interessant erscheinendes Angebot.

Auf Eiderstedt, einer Halbinsel mit viel Tourismus und wenig Leben, suchte man für ein Kleinheim mit 6 bis 8 Kindern einen Leiter. Meine Frau und ich verabredeten uns zum folgenden Wochenende vor Ort zu einem Gespräch. Sehr schnell stellte sich heraus, daß hier keine Leiterstelle besetzt werden sollte, sondern daß ein Leiter *und* Träger, also eine Privatperson, die das Haus in eigener Regie übernimmt, gesucht wurde. Wir verliebten uns spontan in das Haus, ein altes, sehr weitläufiges, verwinkeltes Objekt mit viel Charme - und Bruch, wie sich erst später herausstellte. Ich bewundere noch heute meine Risikobereitschaft, mit der ich diese Herausforderung annahm. Nun begann - noch etwas spielerisch, dann sehr schnell viel ernster - die Planung unserer Selbständigkeit, 15 Jahre nach meinem Vorhaben, endlich 'etwas aus mir zu machen'. Ich bin sicher, jetzt versteht man besser, was ich mit 'Zufällen' meine, wie ich einen roten Faden gefunden hatte, den ich seitdem nicht mehr losgelassen habe.

Damit begann das Projekt Kinderhaus Eiderstedt.

Ich war mir bewußt, daß ich nicht genügend Know-how, was die wirtschaftliche Kompetenz betraf, mitbrachte, zudem hatte ich auch keine Kontakte und Erfahrungen mit den Fachdienststellen des Landes. Alles, was ich hatte, war die unbändige Lust auf die Herausforderung, eine ebenso entschlossene wie leistungsfähige Frau an meiner Seite und meine Fachkompetenz, und ich hoffte, diese endlich ohne Abstriche einbringen zu können. Alles zusammen war zwar eine ganze Menge, aber nicht genug, zumal wir über keine Barmittel verfügten. Uns kam, wie schon so häufig, ein Zufall zu Hilfe. Eine Freundin meiner Frau, gestandene Erzieherin in einem Kleinheim, machte uns mit einem 'alten Fuchs' der Heimerziehung in Schleswig-Holstein und entschiedenem Befürworter von Kleinheimen bekannt. Herr Erwin Steffen, von dem ich bis dahin nichts gehört hatte, eruierte genau, was wir vorhatten sowie unsere Beweggründe, ehe er anbot, uns in der Aufbauphase beratend zur Seite zu stehen und uns zu unterstützen. Zu dieser Zeit konnte ich noch nicht ermessen, von welcher elementaren Bedeutung diese Hilfe für uns war. So konnten wir uns mit dem Aufbau beschäftigen und hatten die Gewißheit, über einen kompetenten Hintergrund Informationen und Kontakte zu bekommen. Darüber hinaus brauchten wir uns in der extrem fordernden Anfangsphase nicht noch zusätzlich mit den wirtschaftlichen Verwaltungsangelegenheiten zu befassen. Noch heute bin ich dankbar über dieses persönlichen Engagement, das uns über das vertraglich abgesicherte hinaus in diesen besonders schweren Zeiten zur Verfügung stand und uns durch das 'Wildwasser' der ersten Jahre begleitete.

Eines war mir von vornherein klar: es sollte 'unser Heim' sein, aufgebaut nach unseren Plänen, unseren Erfahrungen und unseren Erkenntnissen, also inhaltlich selbstbestimmt und fachlich unabhängig. So machte ich mich daran, eine Konzeption zu entwickeln. Mit dieser ging ich dann zum damaligen Landesjugendamt, der Genehmigungs- und obersten Aufsichtsbehörde, die heute dem Ministerium für Arbeit, Soziales, Jugend und Gesundheit des Landes Schleswig-Holstein zugeordnet ist. Ich stellte formell einen Antrag, Kinder aufnehmen zu dürfen und ließ mir den weiteren Weg des Genehmigungsverfahrens erläutern.

Schon hier stellte es sich heraus, daß wir mit dem Haus, welches wir gemietet hatten, ein schweres Erbe angetreten hatten. Der sehr schlechte Ruf der ehemals dort ansässigen Einrichtung sorgte dafür, daß wir zunächst von allen Behörden sehr skeptisch bis ablehnend aufgenommen wurden. Aus diesem Grunde dauerte es schließlich noch ein Jahr, bis wir die Erlaubnis erhielten, Kinder aufnehmen zu dürfen.

Es folgte zunächst eine Zeit, in der es das Kinderheim schon gab, es tatsächlich aber noch nicht belegt wurde. Wenn ich von der anfänglichen Begleitung in der Aufbauphase sprach, so war sie klar auf Know-how und Verwaltungstätigkeit beschränkt. Sie erstreckte sich nicht auf Gebiete wie wirtschaftliche Absicherung oder Vermittlung von Erstbelegern. Das bedeutete, daß ich nach Ermittlung des Tagessatzes (das ist der Betrag, den man pro Tag pro Kind braucht, um existieren zu können) schlicht gesagt 'Klinken putzen' ging. Zuerst sprach ich bei Geldinstituten vor, die mir einen Kreditrahmen über 90 Tagessätze pro beantragtem Platz plus einen Betriebsmittelkredit über DM 50.000,-- zusagen sollten, ohne den ich die Betriebserlaubnis gar nicht erst bekommen hätte. Danach bei fast allen infrage kommenden Jugendämtern in der Bundesrepublik, die ich schriftlich - bei Interesse persönlich - informierte. So war ich monatelang damit beschäftigt, die Startlöcher zu bereiten, aus denen es dann richtig losgehen konnte.

In dieser Zeit wurden Räumlichkeiten renoviert, Anschaffungen zur Grundausstattung getätigt, gebangt und gehofft. Ich hatte meinen Wohnsitz bereits nach Eiderstedt verlegt, während meine Frau noch angestellt arbeitete, um wenigstens ein Gehalt zur Verfügung zu haben. Erst nachdem wir eine mündliche Belegzusage von einem Jugendamt hatten, kündigte auch meine Ehefrau ihren Arbeitsplatz und zog in das Haus. Dadurch, daß das Haus längere Zeit leergestanden hatte und der Hausbesitzer keinerlei Interesse an der Instandhaltung zeigte, eröffnete sich neben der vielen Arbeit auch ein großes Ärgernis. Das Verhältnis zum Vermieter verschlechterte sich schnell und radikal; das Geld wurde sehr knapp und wir waren im Auf und Ab unserer Gefühle. Angst vor der eigenen Courage schlich sich ein.

Endlich, fünf Monate nach der offiziellen Gründung, wurden die ersten Kinder avisiert, vier Geschwisterkinder. Natürlich waren wir sehr erleichtert wiewohl der Spannungsbogen von euphorisch bis ängstlich reichte. (Schließlich "beschleunigten" wir, ohne selber Kinder zu haben, von null auf vier.) Was wir in dieser Hektik gar nicht merkten oder verdrängten, war die Tatsache, daß wir zu diesem Zeitpunkt noch keine offizielle Genehmigung hatten, Kinder aufzunehmen. So kamen wir in den Genuß, einen kompetenten Anwalt mehrfach konsultieren zu dürfen, weil uns die oberste Aufsichtsbehörde auch vorläufige und Einzelgenehmigungen verweigerte. Das traf uns natürlich sehr hart. Wir waren verzweifelt und dachten schon, alles sei vorbei, bevor es richtig angefangen hatte. Letztlich schaffte es der Anwalt jedoch, daß wir Einzelgenehmigungen beantragen konnten. Heute kann ich sagen, daß die Behörde selbstverständlich formal das Recht hatte, uns die Genehmigung zu verweigern. Der vorherige Betreiber und Hausbesitzer hatte Umbauten vornehmen, jedoch nicht abnehmen lassen, zudem hielt er nichts davon, Angestellte des Bauamtes oder andere Prüfer zu empfangen. Normen bei der Erstellung oder Nutzung wurden nicht ausreichend berücksichtigt. Jedenfalls war erst einmal ein Nutzungsänderungsantrag von einem Wohnhaus in ein Heim notwendig, der - mit tausend Auflagen gespickt - noch nicht beschieden war. Es dauerte noch Jahre und einen Besitzerwechsel, ehe alle genehmigungspflichtigen Räumlichkeiten auch in einen genehmigungsfähigen Zustand versetzt werden konnten.

Schließlich (ich weiß es noch als wäre es erst gestern geschehen), sollten wir am 19.1.1990 die vier Geschwisterkinder aus Berlin bei uns aufnehmen. Wir verkauften unseren alten Kombi, der für bis zu drei Kinder durchaus gereicht hätte, und holten am 18.1.1990 den neuen Neunsitzer beim Autohändler ab. So fuhren wir erwartungsvoll und um weitere DM 36.000 Schulden reicher nach Berlin. Anspannung und Streß der letzten Monate waren nicht mehr präsent. Die vier Zahnputzbecher mit Bürsten standen bereit. Während wir nach Berlin unterwegs waren, hüteten liebe Freunde das Haus und trafen letzte Vorbereitungen.

In Berlin waren wir zur vereinbarten Zeit bei dem Haus, aus dem die ersten Kinder zu uns kommen sollten. Auf dem Rückweg, an der Grenze stellten wir fest, daß die Kinder keine Ausweise dabei hatten, der Polizeibeamte keine Befugnis, welche auszustellen - und es war Freitagmittag. Nach einer Odyssee landeten wir schließlich gegen Mitternacht in Tetenbüll. Die Kinder mußten noch in die Badewanne. Danach gab es noch ein vorbereitetes Essen, ehe wir alle völlig erschöpft zu Bett gingen.

Von nun an war kein Tag mehr wie in der Zeit zuvor!

3.
Aufbauarbeit: Das "Gerüst"

Es waren die Rahmenbedingungen geschaffen, der offizielle Start erfolgt, die theoretischen Grundlagen vorhanden, und zu sechst konnten wir aufbrechen. Aufbrechen von wo aus? Wohin?

Anfänglich aßen die Kinder hauptsächlich, unterbrochen von Sequenzen, in denen der älteste der Kinder seine Aggressionen an den übrigen ausließ. Wir hatten vorher Informationen über das Alter der Kinder bekommen, sie waren 2, 6, 7 und 9 Jahre alt. Nun stellten wir fest, daß wir es vom Entwicklungsstand her mit einem Baby und drei Kleinkindern zu tun hatten. Die Praxis traf unser theoretisches Modell breitseits; guter Rat war teuer. Schnell war klar, daß Sylvia, die bis dahin als Laborantin tätig war, die Möglichkeit eröffnet werden mußte, sich fachkompetent zu machen.

Es zeigte sich, daß die schwierigste Phase noch auf uns wartete. Das war zum einen der Aufbau und die Formgebung unserer Lebensgemeinschaft sowie ein allgemeingültiger, verläßlicher Rahmen. Hier waren wir alle New-comer, die Kinder, Sylvia und auch ich.

Bald nach der Aufnahme unserer 'Viererbande' wurde uns ein weiteres Kind gebracht. Gerade 9 Jahre alt geworden, ungeliebt und vom Stiefvater lange mißhandelt.

Ehe wir uns versahen, war unser Haus voll belegt; Sylvia hatte einen Ausbildungsplatz in Niebüll (etwa 1 1/2 Autostunden vom Ort der Einrichtung entfernt), und wir hatten Mitarbeiterinnen: zwei Erzieherinnen und eine Wirtschaftskraft. Nun könnte man der Auffassung sein, das sei eine tolle Entwicklung und die Expansion, die explosionsartig stattfand, ein Segen gewesen. Doch das war es keinesfalls, ganz im Gegenteil. Was nämlich fehlte, war die Zeit für einen geordneten, überlegten Aufbau und für die Errichtung eines 'Gerüstes', wie ich es bezeichne. Wie sollte aus lauter kleinen, stark gehandikapten Individuen eine Gruppe geformt werden? Wie sollte ein Rahmen geschaffen werden, der für alle erkennbar und tragbar einen normalen Tagesablauf ermöglicht? Wie sollten die Kinder mit uns gehetzten, bis an unsere Belastungsgrenze agierenden Erwachsenen eine Ebene finden? Wie sollte eine Arbeitsgruppe zum Team geformt werden, unter so extremen Bedingungen? Wie sollte etwas an Normalität gewinnen, wenn doch keiner wußte, wie diese letztlich aussieht?

Die ausnahmslos jungen Kolleginnen hatten sich ihren Berufsalltag anders vorgestellt. Sie sahen ihre Arbeit oft auch ausschließlich als notwendiges Übel, um sich ihr 'richtiges' Leben sorglos gestalten zu können. So fühlten wir uns auf uns allein gestellt. Unser Aufgabenbereich reichte vom Powischen über Küchenarbeiten und Schularbeitshilfen bis zur Repräsentation nach außen. Und da war auch noch das schöne, alte, riesengroße, rote Haus (über 500 m²) zu reinigen und zu renovieren. Zu der Zeit gab es regelmäßig Momente, wo ich mich selber verflucht habe, mich und meine Risikobereitschaft.

Ich erinnere mich noch sehr deutlich an einen Tag, ich stand in der ersten Etage und blickte in den Garten, dessen Schönheit ich nicht mehr sah, und ich hatte das dringende Bedürfnis, laut zu schreien, einfach nur zu schreien. Nicht einmal das gestattete ich mir, und nie wieder war ich so nahe daran, es zu tun.

Uns wurde schmerzlich klar, daß etwas nicht so verlief, wie es hätte verlaufen müssen. Wir hatten aus Angst vor einem finanziellen Fiasko zu schnell zu viele Kinder aufgenommen, ohne die dramatischen Auswirkungen zu erahnen.

Ich fand neben dem Tagesmanagement nur noch Zeit, das Nötigste zu erledigen, schob Termine bei Jugendämtern, mit Steuerberatern, Rechtsanwalt, Bank und Architekten, Kindeseltern etc. irgendwo dazwischen und vernachlässigte gänzlich den Freundeskreis. Dazu kam das Gefühl, daß ich mich, außer auf Sylvia, auf keinen wirklich verlassen konnte, und Sylvia war aufgrund ihrer Ausbildung zur Erzieherin von Montag bis Freitag von morgens bis zum späten Nachmittag nicht da. Ich begann auch noch damit, bei vielen handgreiflichen Auseinandersetzungen und aggressiven Ausrastern der Kinder die Schutzrolle für Kolleginnen zu übernehmen, die damit nicht fertig wurden, oder wo ich dies befürchtete.

Hinzu kamen Krankmeldungen, Kündigungen, neue Einarbeitungszeiten und vor allem enttäuschende Erfahrungen mit Männern, die als Erzieher bei mir arbeiteten. Sie waren oft weniger belastbar und weniger engagiert als die meisten Frauen. Sie legitimierten fehlende Präsenz und geringes Engagement mit oft abenteuerlichen pädagogischen Konstruktionen. Ihre Ausfallquote war deutlich höher als die der Kolleginnen.

Es ist mir ein Bedürfnis, dies an einem Beispiel zu illustrieren. Dazu muß erwähnt werden, daß der betreffende Kollege uns nur zwei Monate mit seiner Anwesenheit 'beglückte'. Seine Eintragungen in das Dienstbuch zwischen dem 26.3. - 6.4.:

"- *nachm. mit den Kindern Kindertrickfilme im Fernsehen gesehen (Scheiß-Wetter). Ein Kind aus der Nachbarschaft kam zu Besuch und glotzte mit.*
- *nachm. wg. des schlechten Wetters geglotzt.*
- *In Husum in Kinocenter 15.30 Uhr 'Drei Männer und eine kleine Lady' ab 6 J. (DM 6,00)*
- *Kino in Heide - 0481/72106 - Rosenstr. 15-17*
- *Kino in Husum - 04841/2569 - Gloria 61742"*

Das sind die Aktivitäten des Kollegen in der Zeit vom 26.3. und 6.4., und er hat mit Sicherheit nicht jedes 'Glotzen' so minutiös im Dienstbuch festgehalten. Später erzählten mir Kolleginnen, daß er allen Ernstes behauptete, Fernsehen - und auch Fernsehwerbung - wirkten sich positiv auf das Lernverhalten der Kinder aus. Ich hoffe heute, bei der Einstellung von Männern lediglich eine Reihe von Fehlgriffen getan zu haben.

Das alles erzeugte in mir das Gefühl des BURN OUT, eine schreckliche Leere und unsägliche Einsamkeit machten sich breit, bis ich schließlich zusammenbrach. Physisch wie psychisch war ich diesen - bis dahin anderthalb Jahre andauernden Anforderungen, die ich selbst an mich stellte - nicht mehr gewachsen. Es folgte ein sechswöchiger Klinikaufenthalt. Während dieser Zeit konnte ich mich dank der Hilfe eines Arztes, zu welchem ich sehr schnell ein hohes Maß an Vertrauen aufbauen konnte, neu sammeln. Mir wurde vieles klar, denn ich hatte nach Ewigkeiten wieder einmal Zeit nachzudenken. Überdeutlich sah ich die Notwendigkeit einer Neudefinition meiner Rolle im Hause. Die Schaffung von Freiräumen, das Delegierenkönnen, das Einfordern von Leistung und Einsatz der MitarbeiterInnen, aber auch die Wichtigkeit meiner Beziehung. Alles wuchs in meinem Kopf. So entstand langsam aber unweigerlich der Aufbau von tragfähigen Strukturen in mir, welche im 'Gerüst' Umsetzung fanden. Die nun folgende Wegfindung möchte ich unterteilen in den fachlich-praktischen und in den administrativ-wirtschaftlichen Teil.

Während mir der fachlich-praktische Teil aufgrund meiner persönlichen Erfahrungen im Laufe meines Werdegangs sowie meiner Studien nahe stand, war mir der administrativ-wirtschaftliche Teil weniger geläufig, und ich muß ehrlich sagen, auch ein 'ungeliebtes Kind'. Hatte ich noch über meine Leitungstätigkeit ein wenig Einblick in Verwaltung und Repräsentation nehmen können, so war mir Wirtschaftliches nur über 'Mahnbriefe wegen Kontoüberziehung' bekannt. Heute sehe ich, daß beide Teile zusammengehören, und was ich nicht für möglich gehalten hätte, es übt beides Faszination auf mich aus.

Zunächst zum fachlich-praktischen Teil:

Gleich nachdem ich aus der Klinik entlassen wurde, wurde eine Dienstbesprechung anberaumt. Hier versuchte ich zu verdeutlichen, was ich unter einer Rollen-Neudefinierung für mich verstand, welche Konsequenzen das für das Kollegium haben würde, und wie meine Erwartungen aussahen. Ich warf damals einen Haufen alter, hochgehaltener '68er Ziele' über Bord.

Meine Idee von dem gemeinsamen Aufbau als Chance für alle Beteiligten, Kinder, Angestellte und uns, hatte sich als Illusion erwiesen und war zerplatzt, wie eine schillernde Seifenblase. Ich hatte basisdemokratisch, paritätisch und möglichst ohne hervorgehobene hierarchische Struktur arbeiten wollen, was das Kollegium überforderte. Das Vorhaben war an der Verweigerung von Eigenverantwortlichkeit und fehlender Mitgestaltung gescheitert. Es war nicht *eine* Mitarbeiterin, außer Sylvia, bereit und in der Lage, mitzugestalten, Visionen zu entwickeln, Begeisterung zu zeigen. Die Kolleginnen hatten nicht verstanden, die Idee vom gemeinsamen Aufbau als persönliche Chance zu begreifen. Die ihnen zugestandenen Rechte waren als 'über ihre Pflichterfüllung hinaus tätig werden zu sollen' definiert worden. Als ich als Übervater und Blitzableiter abhanden gekommen war, war plötzlich keiner mehr da, der ihnen sagte, was, wann, mit wem zu machen sei, und es gab niemanden mehr, den man für die eigene Misere verantwortlich machen konnte.

Meine veränderten Erwartungen lösten nach und nach Verunsicherung bei den KollegInnen aus. Die Situation spitzte sich zu und entlud sich in Form von 'Flucht durch Entzug' - teils durch Kündigung, teils durch häufige Krankmeldung etc.. Das Kollegium zerfiel und ich merkte kurz darauf, daß es Sinn machte. Neue Mitarbeiterinnen, die von dem gescheiterten basisdemokratischen Modell gar nicht erst tangiert waren, brauchten sich nicht umzustellen. Sie nahmen die neuen Strukturen als bekannt und gegeben und stützten mich so unwissentlich bei der Erneuerungsarbeit. Fortan entwickelte sich langsam die heute vorhandene Struktur in der Arbeit, und das ´Gerüst‘ bekam endlich Kontur:

Schaubild A: Kommunikationsabläufe

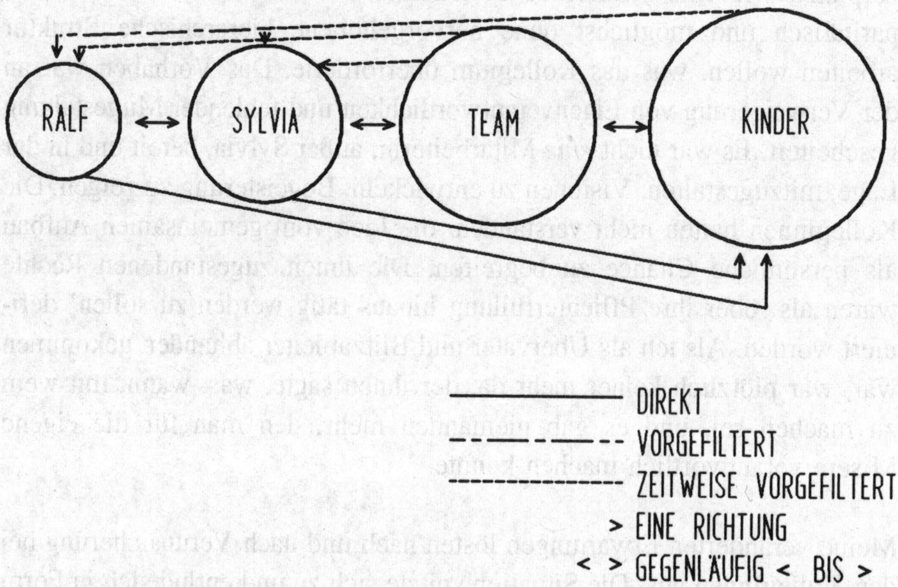

Wie in Darstellung A zu sehen ist, filterte ich Abläufe, und so war, was bei mir ankam, nicht nur in der Fülle deutlich weniger, sondern auch inhaltlich gefiltert. Als Träger und Leiter brauchte ich nicht Entscheidungen zu treffen, wie: welches Kind wann, mit wem, aus welchen Gründen auch immer, telefonieren darf, das Haus verlassen darf, ein Glas Milch trinken darf und tausend ähnliche Sachen. Es waren immer zwei Fachkräfte in der Lage dies zu entscheiden und die Entscheidungen auch durchzusetzen. Ich fühlte mich auch für vieles einfach nicht mehr zuständig, lernte zu delegieren, legte perfektionistische Züge ab. Es eröffneten sich wieder Freiräume.

Die für alle notwendigen Informationen ergaben sich zudem aus:

- der wöchentlichen Dienstbesprechung von ca. 3 Stunden (bei Bedarf auch häufiger/außerordentlich)

- der monatlichen Supervision (bei Bedarf öfter/außerordentlich)
- den Dienst- und Urlaubsplänen
- dem Terminkalender (Arzttermine, Elternabende, Kinderfeste, Theateraufführungen, Basare und andere außerordentliche Veranstaltungen)
- dem Aktivitätenplan (für Teilnahme der Kinder an sportlichen und sonstigen Aktivitäten, wie etwa: Therapien, Konfirmandenunterricht etc.)

Jeder im Kollegium wurde mit einem Dienst-Portemonnaie ausgestattet. Um alles Besprochene festzuhalten und ggf. die Verbindlichkeit bzw. die Einhaltung dessen einfordern zu können, waren Besprechungsprotokolle, Aktennotizen, Akten und Krankenakten für alle Mitarbeiterinnen jederzeit zugänglich. So wurden unzählige Kleinigkeiten, die sonst an mich herangetragen wurden, in Selbständigkeit lösbar. Es ist frappierend, was sich allein hier an Zeit summiert. Jeder ist so auch angehalten, sich Informationen anzueignen und weiterzugeben, damit nicht nur ein oder zwei Personen alles zu wissen haben, und zwar möglichst für alle zu jeder Zeit auf Abruf.

Lediglich für einige Dinge behielt ich mir alleiniges Entscheidungsrecht vor. Das waren vor allem die Bereiche:
- Finanzen
- Repräsentation und Vorstellung der Einrichtung gegenüber Belegern
- Einstellungs- und ggf. Kündigungsangelegenheiten.

Heute stellen sich potentielle Mitarbeiterinnen im Rahmen einer Dienstbesprechung vor und sind über Hospitationstage im Kollegium tätig, bevor ich, nach Rücksprache mit dem Kollegium, entscheide. Wichtig ist mir zu betonen, daß diese Regelungen nicht so festgefügt sind, daß nicht Erfahrungen und Reaktionen der KollegInnen dafür sorgen können, daß nichts statisch, dogmatisch verkrustet und nicht mehr hinterfragbar wird.

Schaubild B: Kommunikationsbereiche und -grenzen

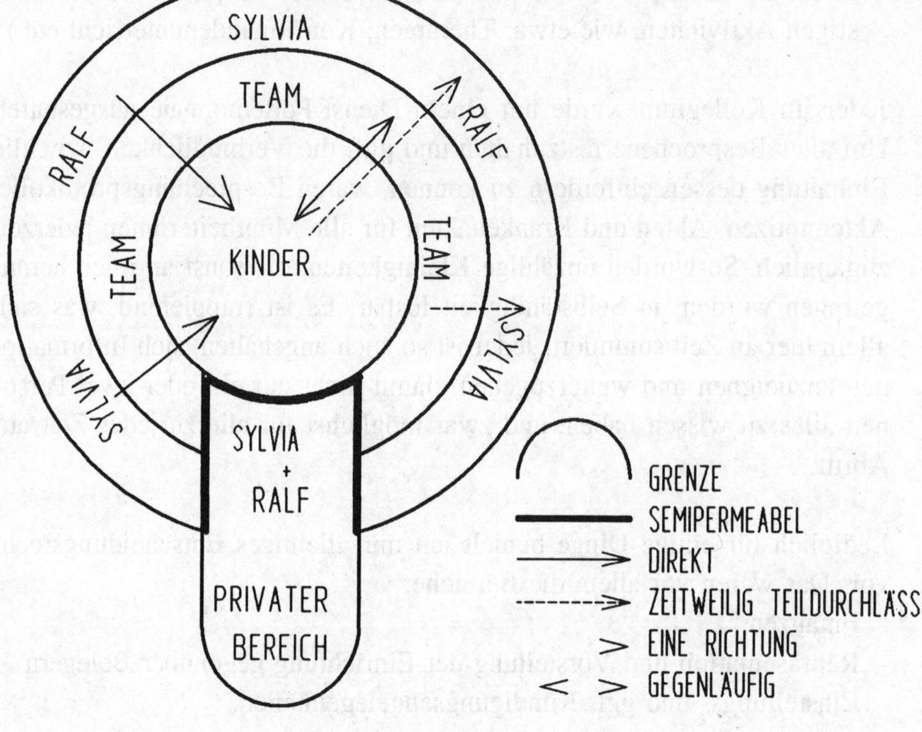

Im Schaubild B werden die Kommunikationsbereiche und -grenzen gezeigt, die heute normalerweise Beachtung finden. Auch hier wird deutlich, daß wir uns die Regenerationsnische einer kommunikativen Einbahnstraße geschaffen haben. Es gelingt auch nicht immer, daß die Kinder diese Einbahnstraße tolerieren. Hier sind wir gefordert, immer wieder zu verdeutlichen, wo die Grenze liegt, damit sie nicht schleichend verwischt wird.

Unser Bedürfnis nach Ruhe und Regeneration ist unterschiedlich ausgeprägt und somit sind Grenzen und Nischengrößen selbstverständlich nicht kongruent. Die Darstellung ist als schematische natürlich statischer im Aufbau als es Grenzen und Freiräume real sind.

Zum ´Gerüst‘ des Hauses gehört natürlich mehr als die Regelung von Kommunikationsabläufen, -bereichen und -grenzen. Hier ist eine Reihe von wichtigen Eckpunkten gemeint, die, wenn sie strikt befolgt und eingehalten werden, für die Kinder eine gewisse Grundstabilität schaffen. Das führt durch Sicherheitsaufbau im kleinsten Bereich, Erwerb von Kompetenzen innerhalb des sich erweiternden Rahmens zu der Möglichkeit, sich mit Hilfe des ´Gerüstes‘ Stück für Stück sicher weiter nach außen zu bewegen. Immer in der Gewißheit, der Rahmen mit dem sicheren, ganz verläßlichen ´Gerüst‘ ist im Hintergrund für mich (das Kind) präsent. Auch das möchte ich an einem Schaubild verdeutlichen:

Schaubild C: Verläßlichkeitsfaktoren verschiedener Lebensräume

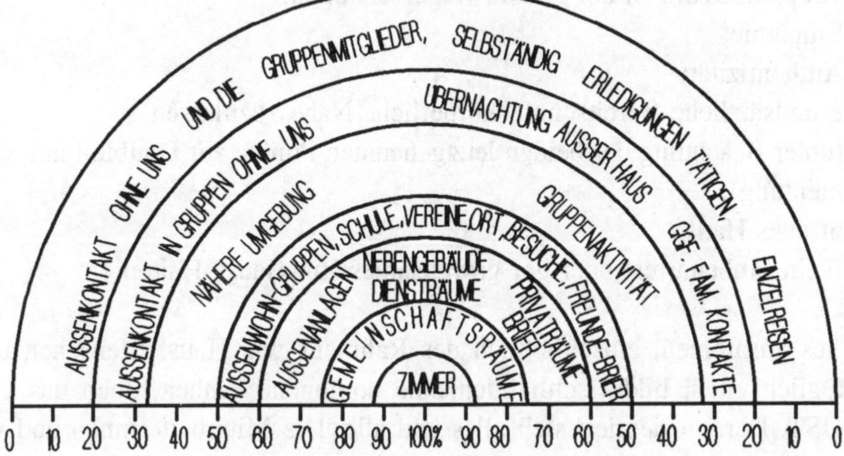

Wie im Schaubild C aufgezeigt muß erreicht werden, daß die Verläßlichkeit im Zentrum nahe bei 100 Prozent liegt. Erst danach kann man Schritt für Schritt versuchen, die erworbene Sicherheit und Kompetenz in andere Bereiche auszudehnen. Immer bestimmt dabei das Kind maßgeblich das Tempo. Natürlich verbalisieren Kinder häufig Kompetenzen, die sie nicht haben, erspielen sich Rolle und Sicherheit. Hier ist ein hohes Maß an Empathie seitens der Fachkräfte gefordert, vor allem die des Bezugserziehers, dessen Rolle ich noch gesondert herausstellen werde.

Über den bloßen Rahmen hinaus wird unser ´Gerüst' von weiteren Pfeilern getragen. Einige davon:

- dauerhaft zur Verfügung stehende Bezugspersonen;
- absolute Konsequenz in Kontinuität;
- Verläßlichkeit in Kontinuität;
- geregelter Tagesablauf mit festen Eckpunkten;
- Gleichbehandlung;
- moderate Umgangsformen untereinander;
- grundsätzliche Bereitschaft zur Kontaktaufnahme;
- Kontrollen;
- Gruppensitzungen bei groben Regelverstößen;
- Empathie;
- Authentizität;
- grundsätzliche Bereitschaft, körperliche Nähe zuzulassen (unter Beachtung der beiden letztgenannten Punkte zur Double-bind-Vermeidung);
- offenes Haus (kein Stubenarrest oder gar gewaltsames 'Im-Hause-Halten').

Alles zusammen, einschließlich des Rahmens wie Haus, Menschen und Möglichkeiten, bildet schließlich eine homogene Einheit, eben das GERÜST. Daran orientiert sich alles und alle. Die Mitarbeiterinnen und wir tragen durch die Einhaltung der Regeln zum Erhalt und zur Stabilität und somit zum Erfolg bei. Schert jemand aus, ist die Gesamtstatik gefährdet.

So wird zum Beispiel durch Handlungsunsicherheit fehlende Autorität erzeugt, die Akzeptanz der Person gegenüber schwindet. Ihr gegenüber werden Normverletzungen stattfinden, um ihr das zu signalisieren. Das Kollegium muß eingreifen, um das Gerüst im Lot halten zu können. Es wird die Arbeit aller erschwert, der Erfolg der Arbeit gefährdet.

Für das Umschiffen, Delegieren und Wegschieben von Konflikten gibt es reihenweise Beispiele. Die mir am häufigst auffallenden sind folgende:

- Aussparen von Themen
  Ich brauche ja nicht bei den Lehrern nachzufragen, ob das Kind tatsächlich nie Schularbeiten zu erledigen hat. Dann brauche ich auch nicht durchzusetzen, daß sie erledigt werden.
- Fehlende Präsenz
  Z.B. brauche ich Konflikte und Auseinandersetzungen nicht zu begleiten und aufzuarbeiten, wenn ich sie nicht registriere, dadurch, daß ich mich überproportional häufig und lange im Dienstraum, Wirtschaftsraum, in der Küche etc. aufhalte. So wird die Kollegin genötigt, das für mich zu tun.
- Delegation
  Z.B. kann ich vorschützen, erst die Leitung wg. Fernseherlaubnis etc. fragen zu müssen und leite so ggf. den Zorn der Kinder um.
- Vergessen
  Z.B. kann ich vergessen, dem betreffenden Kind/Jugendlichen mitzuteilen, daß er erst nach Hause zu kommen hat, um Schularbeiten zu erledigen, bevor er zum Freund fährt.

All das bringt eine trügerische Vereinfachung des betreffenden Tagesablaufes mit sich, summiert sich jedoch schnell und wird für alle als Taktieren transparent.

Dieses Verhalten ist auf die Dauer nicht zu verantworten und führt zu Konsequenzen, bis hin zur Kündigung. Die Kinder spüren sehr wohl, ob jemand Angst vor ihnen hat, ob er in einer unguten Laissez-faire-Haltung an sie herantritt oder ob er sie ernst nimmt mit all ihren Ecken und Kanten und ob er im Gegenzug auch sich zeigt in seinen Stärken, Schwächen und in seiner Authentizität. Klarheit und absolute Konsequenz erweist sich anfänglich als extrem fordernd. Viele Erzieher glauben, sich so den Weg zu den Kindern von vornherein zu verstellen, was sich schnell als Trugschluß erweist. Schon recht schnell zeigt sich, wie gut die Kinder auf die Klarheit und auch auf die Kantigkeit von Erwachsenen eingehen können, wenn sie spüren, daß sie sich ihnen 'echt' zuwenden. Der Erwerb einer so gesicherten Position ist Grundvoraussetzung für zielgerichtetes, kompetentes Miteinander. Unsere Kinder sind, wenn sie in unser Heim kommen, nicht nur mißhandelt, verwahrlost, ungeliebt, sexuell mißbraucht, retardiert - oder alles zusammen -, sondern sie sind vor allem orientierungslos und in ihrer Bindungsfähigkeit stark beeinträchtigt. Sie wollen weder Freunde noch Brüder oder Schwestern in uns sehen, sie verlangen vielmehr von uns Orientierungshilfen und Autorität. Das verpacken sie vor allem anfänglich, zugegebenermaßen in einer Art, die wir erst einmal verstehen lernen müssen. Wir überfordern und mißbrauchen sie, wenn wir ihnen vorgaukeln, wie gleich sie uns gestellt sind und wie demokratisch strukturiert unser Leben abläuft. Sie kennen die gesellschaftliche Wirklichkeit aus den dunkelsten Winkeln.

Wir können uns den einen oder anderen Ausbruch aus gesellschaftlichen Normen nur in unserem geschützten Bereich erlauben. Es wäre aber fatal, dieses als gesellschaftliche Realität, als Maßstab zu vermitteln. Heimerziehung darf im Bild geredet die Kinder nicht die simplen Regeln von "Schummel-Lies'chen" lehren, wenn sie sie danach losschicken will, um Schach und Doppelkopf zu spielen.

Nur die Beachtung der Gesamtheit aller Faktoren durch uns als Hauptbezugspersonen ermöglicht einen Entwicklungsprozeß, der mit der Gesellschaftsfähigkeit abschließen sollte. Leider erlebe ich immer wieder nicht nur verkürzte Sichtweisen, sondern auch fehlendes Engagement und vor allem fehlende Fachlichkeit. Die einzige Chance, die die Kinder auf Entwicklung haben, liegt in unserer Hand - und wenn sich nicht jeder einzelne der Tragweite und der überaus großen Verantwortung bewußt ist, die er mit der Arbeit übernimmt, dann ist das ´Gerüst' am Wanken und das Scheitern unserer Bemühungen wahrscheinlich.

Administrative und wirtschaftliche Ebene

Der administrativ-wirtschaftliche Bereich macht für einen Pädagogen einen ungewöhnlich großen Teil der Arbeit aus, und findet in Studiengängen, wie ich sie kennengelernt habe, wenig Beachtung. Für die Planung und den Aufbau einer solchen Einrichtung bedarf es allerdings hier bestimmter Minimalvoraussetzungen. Alles, was über die Minimalvoraussetzungen hinaus gegeben ist, erhöht die Erfolgsaussichten beträchtlich.

Im Rahmen der sozialen Marktwirtschaft haben die kleinen privaten Träger sozialer Einrichtungen eine Zwitterstellung. Sie engagieren sich im sozialen Bereich und benötigen für diese Aufgabe eine wirtschaftlich abgesicherte Basis. Hinzu kommt, daß Mittel nur über staatliche Stellen und in Verhandlungen mit diesen bewilligt werden. Im allgemeinen gibt es zwei Formen der Konzipierung solcher Einrichtungen: einmal die GmbH, zum anderen die der Definition über Freiberufler/Freischaffende. Beide Formen haben Vor- und Nachteile.

Der Hauptvorteil einer GmbH besteht darin, daß man begrenzt persönlich haftbar ist, was die finanzielle Seite betrifft, und daß man Mehrwertsteuer-abzugsfähig ist. Die Mehrwertsteuer, die auf alles erhoben wird, wird vom Finanzamt anerkannt und hundertprozentig rückvergütet. Der Nachteil ist, daß die GmbH als Gewerbe angemeldet werden muß, (man muß 50.000 DM als einmalige Einlage aufbringen) und daß Gewerbesteuern zu entrichten sind. Darüber hinaus hat sie auch handfeste steuerliche Nachteile für die Zeit des Ausstiegs, wenn man sich vorher über die GmbH Werte geschaffen hat.

Der Vorteil des Freiberuflers ist, daß keine DM 50.000 zur Gründung eines wirtschaftlichen Gebildes aufzubringen sind, und man nicht der Gewerbesteuer unterliegt. Bei Beendigung der Tätigkeit hat man steuerliche Vorteile, da die geschaffenen Werte als 'persönliche' bereits versteuert sind. Der Nachteil ist, daß man persönlich für alles, auch den evtl. finanziellen Zusammenbruch, haftbar gemacht wird.

Ich rate jedem dringend, sich bereits im Vorfeld mit einem auf dem Gebiet 'Heime' versierten Steuerberater eingehend zu besprechen. Diese wissen, daß man als potentieller Heimbetreiber durchaus ein lukrativer Geschäftspartner werden kann und bemühen sich somit, den Weg eines gedeihlichen Aufbaus zu bereiten. Ich lasse viele Verwaltungsarbeiten vom Personalabrechnungswesen bis zur Bilanzierung von einem kompetenten Steuerberater erledigen. Die anfallenden Kosten kann ich zum einen steuerlich geltend machen, zum anderen in den Pflegesatz kalkulieren. Der gewonnene zeitliche Rahmen ist immens hoch.

Vieles muß parallel in Angriff genommen werden, wenn man eine solche Einrichtung planen und umsetzen will. Grundvoraussetzung ist natürlich der fachliche Qualifizierungsnachweis. Diese hat zwei Komponenten, die Ausbildung, in der Regel ein abgeschlossenes Studium, und die Berufserfahrung, welche mindestens fünf Jahre betragen soll. Hier wird den Fachaufsichtsbehörden ein Spielraum zur Beurteilung eingeräumt. Unproblematisch ist es z.B., wenn man Dipl.-Sozialpädagoge ist, und anhand von Arbeitszeugnissen nachweisen kann, daß man fünf Jahre in einem Kinderheim gearbeitet hat. Ein 'blütenreiner' Lebenslauf sowie ein makelloses Führungszeugnis wird vorausgesetzt (Wer, wie ich, die wilden 68er Jahre, Notstandsgesetzgebung, Flower-power und Einstellungsprüfungen des öffentlichen Dienstes durchlaufen hat, wird selten besonders konformistisch geprägt sein und auch den einen oder anderen Fleck auf der staatsbürgerlichen Weste haben.).

Unterhalb der Fachhochschulebene findet man wenig Qualifikationen, die Einstiegsmöglichkeiten bieten. In einigen Fällen wurde eine wirklich langjährige Tätigkeit als Heimerzieher/in in hervorgehobener Position anerkannt. Auch die Ausbildung zur Erzieherin, Heilpädagogin und ein Praxisnachweis können genügen. Neben den Sozialpädagogen versuchen sich auch viele andere Studienabsolventen in der Heimerziehung. Da gibt es Soziologen, Psychologen, Ärzte, Dipl.-Pädagogen und Lehrer. Alle haben eines gemeinsam, nämlich den fehlenden Bezug auf das Arbeitsfeld. Heimerziehung ist ein sehr spezifisches Arbeitsfeld, dem m.E. in Form von umfassend spezifischer Ausbildung Rechnung zu tragen ist. So könnte ich mir gut vorstellen, die Ausbildungs- bzw. Studiengänge der Erzieher, Heilpädagogen, Dipl.-Sozialpädagogen und Dipl.-Pädagogen in einen vereinten Sudiengang, der große praktische wie theoretische Abschnitte beinhalten müßte, zusammenzuführen.

Nachdem die fachliche und sachliche Qualifikation bei mir festgestellt war, und ich in einigen sehr beflügelten Stunden unsere erste Konzeption entworfen hatte, standen mir noch diverse Hürden im Wege, die ich überwinden, umlaufen oder beiseite rücken mußte. So wurde sehr bald klar, daß schon die Vorbereitung auf das Projekt ein Fulltime-Job war. Ich kündigte meine Stellung im öffentlichen Dienst, gab also meine finanzielle Sicherheit auf und bekam ein Ticket für Streß und Abenteuer. Schon hier sei mit den Worten meiner Frau gesagt: "Ein bißchen schwanger gibt es nicht." Wehe dem, der glaubt, mit einem bißchen Restsicherheit, etwa in Form von Teilzeitarbeit, Selbständigkeit aufbauen zu können! Beides wird zum verwaschenen Kompromiß, beides verliert an Tragfähigkeit. Hier ein wenig, da ein wenig, ist auf alle Fälle ein bißchen zu wenig.

So zog ich als Selbständiger in ein großes, altes, wenig gepflegtes, gemietetes Haus, ohne über feste Einkünfte zu verfügen. Da wir auch keinerlei Rücklagen hatten, war mir klar, daß der Zeitraum bis zur Eröffnung unseres Heimes eng bemessen war. Das baute Druck auf, der sich teils positiv in Form von extrem großem Engagement, aber auch negativ in Form von Ängsten und Hyperaktivitäten entlud. Die Zeiten, in denen ich Ängste entwickelte, waren die wenigen Stunden der nächtlichen Ruhe. So hielt ich sie künstlich dadurch kurz, daß ich im Hause tätig war.

Die Tage füllten sich mehr und mehr mit Terminen bei Jugendämtern, denen ich meine Konzeption geschickt hatte, und wenn ich keine Antwort/Stellungnahme erhielt, knüpfte ich telefonische Vorstellungskontakte. Außerdem fuhr ich täglich oft hunderte von Kilometern, um Heimplätze, die offiziell noch nicht einmal bewilligt waren, anzubieten. Auf den ausgesuchten Routen suchte ich auf Verdacht noch mehrere Ämter auf, die ich bis dahin entweder nicht erreichen konnte oder deren Absage ich nicht gelten lassen wollte. Nebenbei verhandelte ich mit der obersten Landesaufsichtsbehörde über die Beschleunigung meiner Genehmigung, Sonder- und Einzelaufnahmeerlaubnis.

Leider gestalteten sich diese Verhandlungen zunehmend wirr und aggressiv. Es wurden immer mehr Behörden ins Feld geführt, ohne deren Genehmigung nichts erreicht werden konnte. So war z.B. die örtliche Aufsichtsbehörde in Form des Kreisjugendamtes, welche normalerweise den Pflegesatz genehmigt (das heißt die Summe, die pro Tag pro Kind für die Abdeckung der Gesamtkosten errechnet wird), für die Prüfung der Stichhaltigkeit des Antrages zuständig. Hier zeigte sich die Zwitterstellung sozialer Einrichtungen im Rahmen der Marktwirtschaft. Kein privatwirtschaftliches Unternehmen zeigt dem potentiellen Kunden neben dem Endpreis seine Kalkulation mit Gewinngröße auf. Es gab auch noch das Gesundheitsamt, das Bauamt und den TÜV, der die Heizungsanlage samt Räumlichkeit begutachten mußte. Aber auch Wasserbeschaffungsverband, Stromversorger und andere meldeten Auflagen an. Fensterflächen und Deckenhöhen wurden ebenso wie Vorklärung, Heizung und Küchenboden begutachtet und moniert.

So pendelte ich zwischen Behörden, Vermieter, Steuerberater, Anwalt und Berater hin und her und versuchte darüber hinaus, bei Vorstellungen über unsere Einrichtung einen positiven, optimistischen Eindruck zu vermitteln. Alles drehte sich im Kreis, ohne Genehmigung des Pflegesatzes keine Aufnahmegenehmigung, ohne genügend genehmigte Räumlichkeiten und einen niet- und nagelfesten Langzeitmietvertrag keine Genehmigung für das Haus und ohne Aufnahmegenehmigung keine Belegung und schon gar keine Erstbelegung. Ein Jugendamt zu finden, das eine Einrichtung als Erstbeleger akzeptiert, erwies sich als ganz spezielle Aufgabe. So wurde ich überall vertröstet, bekam vage Zusagen und klare Absagen. Nur was ich nicht bekam, war eine schriftliche Genehmigung zum Betreiben der Einrichtung, und ich hatte keine Möglichkeit, aus dem Karussell auszusteigen. Als mir von der obersten Fachaufsicht mitgeteilt wurde, daß ich noch eine finanzielle Sicherheit in einer sechsstelligen Größenordnung nachweisen muß, war ich nahe daran zu resignieren. Ich konnte mir nicht vorstellen, daß man mir aufgrund eines Projektes, welches sich lediglich über einen Mietvertrag und eine schriftlich fixierte Konzeption definieren ließ, eine solche Summe garantieren würde.

Dennoch legte ich mir eine Strategie zurecht, wie ich den Banken mein Anliegen schmackhaft machen könnte und versuchte es bei drei Geldinstituten. Hier kam mir sicher die Tatsache zu Hilfe, daß ich tief in mir selber an einen Erfolg des Projektes glaubte. Sicher spielte auch mein Alter, ich war Mitte dreißig und wurde somit automatisch in eine recht seriöse Kategorie eingereiht, eine Rolle. Durch meine relativ sichere Art im Umgang mit meinen Verhandlungspartnern und dem Vermögen, mich auch verbal gut 'verkaufen' zu können, erhielt ich von drei Geldinstituten eine generelle Zusage. Mit Sicherheit hatten sich die Banker auch 'schlau' gemacht und wußten, daß sich durch die Eröffnung einer neuen Einrichtung für sie lukrative Geschäftskontakte ergeben. Nach einer Konsultation des Steuerberaters entschied ich mich für das regionale Geldinstitut. Dieses kann bei Bedarf unabhängig von den Richtlinien einer großen Muttergesellschaft, die in der Regel am anderen Ende der Republik ansässig ist, persönliche Risiken abwägen und ist somit deutlich flexibler. Binnen kürzester Zeit verfügte ich über ein Papier, welches mir Sicherheiten in ausreichender Höhe bescheinigte und zudem noch erlaubte, sofort über einen Betriebsmittelkredit in Höhe von DM 50 000 zu verfügen.

Im einzelnen vermag ich heute nicht mehr zu sagen, wann ich welche Teilgenehmigungen und weitere Rahmenbedingungen endlich zusammen hatte. Ein Jugendamt war jedenfalls plötzlich sehr interessiert, eine Geschwisterreihe bei uns unterzubringen, wir sollten lediglich eine vorläufige Einzelaufnahme-Erlaubnis vorlegen. Als sich die oberste Aufsichtsbehörde hier verweigerte, verlor ich zum ersten Mal die Nerven. Ich fuhr hin, steigerte mich in Rage, verlangte nach den Vorgesetzten, fegte wutentbrannt durch die Amtsstuben, drohte mit meinem Anwalt und stiefelte schließlich zum Kreisbauamt, welches als Haupthemmnis genannt wurde. Hier wiederholte sich alles, und als ich abends alleine im Riesenhaus war, glaubte ich kaum noch an eine schnelle Wendung. Dem Jugendamt, welches belegen wollte, teilte ich erst einmal nichts von der Misere mit. Letztlich schaffte es der Anwalt einvernehmlich mit dem damaligen Landesjugendamt, zu einer Regelung zu gelangen, welche doch die Aufnahme ermöglichte, und wenige Tage später sollten die ersten vier Kinder im Hause sein. Diese Kinder möchte ich heute nicht mehr missen. Sie scheinen mir unter ähnlichen Schmerzen wie leibhaftige, eigene Kinder geboren zu sein.

Als schließlich die sogenannte 'Befreiung', die offizielle Aufnahmegenehmigung für Kinder (wie es zu der Zeit noch hieß), vom Landesjugendamt einging, war ziemlich genau ein Jahr vergangen.

Nun mußte ich mich in die administrativen Aufgaben des Trägers und Leiters der Einrichtung ebenso mühselig wie erfolgreich hineinfinden und hatte parallel dazu ein Leben um mich, welches in seiner geballten Kraft alles bis dahin für mich bekannte sprengte. Zu den vielen neuen, in der Form bis dahin für mich unbekannten Aufgabenbereichen gehörten neben dem Tagesmanagement auch die Verantwortung und Entscheidungspflicht gegenüber weitreichenden, für mich anfänglich nicht in ihrer Tragweite klar ersichtlichen Angelegenheiten. Von besonderer Schwierigkeit neben der 'Gerüst'-Findung' war die Personalauswahl und -führung.

Wir haben wohl alle erdenklichen Fehler wenigstens einmal gemacht. So versuchten wir, unsere Erzieher ständig zu entlasten. Wir waren ihnen gegenüber überkollegial, aus der Angst heraus, Arbeitgeber der Art zu werden, die wir bis dahin kritisiert hatten. Wir ließen uns in den Bewerbungsgesprächen zu wenig präsentieren, sprachen mehr von dem, was wir machten und von der Möglichkeit für die Erzieher, tatsächlich gestaltend mitwirken zu können. So fanden wir im Kollegium oft großes Unvermögen, fehlende Solidarität und dürftiges Engagement, und das bei übertariflicher Bezahlung. Kaum jemand verstand die Chance oder nutzte das Angebot, seine Vorstellungen von der Arbeit mit den Kindern einzubringen. Wenn wir fachliche Notwendigkeiten (wie etwa Nachvollziehbarkeiten der Arbeit durch geplantes, zielgerichtetes Handeln) forderten, schlug uns blankes Unverständnis und schleichende Verweigerung entgegen. Forderte ich von Bezugserziehern Vorgaben für die Entwicklungsberichte oder Aktennotizen zu spektakulären Vorkommnissen, dauerte die Erledigung ewig oder wurde mit fadenscheinigen Begründungen weggeschoben. Bekam ich aber einen Bericht, so war er erschreckend in der Struktur und im Inhalt und zeichnete sich durch mangelnde Fachlichkeit aus. Es gab kaum noch Momente, in denen wir uns verstanden oder unterstützt fühlten, und so fragten wir uns mehr und mehr, was wir verändern müssen, um die Arbeit effektiver zu gestalten und uns dabei zu entlasten. Wie anfangs geschildert, bedurfte es noch meines Zusammenbruches und einer Auflösung der Gruppe der Mitarbeiterinnen, ehe wir einen Neuanfang starten konnten.

Die schlechten Erfahrungen, die wir bis dahin mit dem Personal hatten, resultierten zu einem großen Teil aus meinem Unvermögen, in Bewerbungsgesprächen Strukturen zu schaffen, zu selektieren und das Anforderungsprofil zu verdeutlichen. Ich bin der festen Überzeugung, daß jeder ungeübte Arbeitgeber diese oder ähnliche Fehler machen wird. Mir scheint eine Fachausbildung jedoch generell nicht ausreichend, um auf ein so schwieriges Arbeitsfeld vorzubereiten. Heute erwarten wir selbstverständlich für gezahltes Gehalt auch Leistung und tun uns nicht mehr so schwer, auf fehlendes Engagement, fehlende fachliche Eingabe oder Zuverlässigkeit zu verweisen. Das alles hat zum Aufbau und zur Stabilisierung des 'Gerüstes' mit beigetragen und kommt allen Seiten zugute.

4.
Sozialisation und Fremdplazierung: Bedeutung und Auftrag

Nachdem deutlich wurde, wie vielschichtig und kompliziert der Aufbau und die Schaffung von adäquaten Strukturen zu bewerkstelligen sind, möchte ich zu einem für uns zentralen Punkt kommen, zu unserer wichtigsten Aufgabe: Wir gehen davon aus, daß über den Weg der Sozialisation Lebensgestaltung als eine Art Reproduktion von Verhältnissen wie Persönlichkeitsmerkmalen stattfindet. Diesen Kreislauf zu durchbrechen ist vorrangiges Ziel und 'Knackpunkt' zu langfristigen Veränderungen. Das kann nur über den Weg der alternativen Identifikationsangebote geschehen, die wir modellhaft zur Verfügung stellen müssen: einmal in Form des Rahmens, der Normen und Werte ebenso neu prägen soll, wie andererseits durch unsere Persönlichkeit, die so Modellcharakter bekommt. Das bedeutet: Identifikation kontra Reproduktion.

Hierbei spielen wir als Bezugspersonen die bedeutungsvolle Rolle des Katalysators. Diese beinhaltet, daß wir uns der Bedeutung unserer Verantwortung sehr wohl bewußt werden müssen, um die einzige Möglichkeit, die die uns anvertrauten Kinder haben, nicht zuzuschütten. Warum die familienorientierte Kleineinrichtung meiner Überzeugung nach der zur Zeit einzig gangbare Weg ist, möchte ich anhand von Modellen verdeutlichen. Vorausgesetzt ist, daß die Hauptbezugspersonen auch ihren Lebensmittelpunkt in der Einrichtung haben.

In den nun folgenden Darstellungen geht es um Bezugssysteme und deren Veränderungsmöglichkeiten durch modifizierte Sozialisationsbedingungen. Diese sollen schließlich zu selbständig aufgebauten und gelebten Bezügen der Kinder führen. Vier in Betracht kommende Sozialisationsbezüge und deren Möglichkeiten und Resultate möchte ich schematisch darstellen und einzeln erläutern. So soll deutlicht werden, unter welchen Gesichtspunkten und mit welchen Prioritäten wir den Alltag gestalten.

Schaubild D 1: Elterliche Familie - Folgerahmen

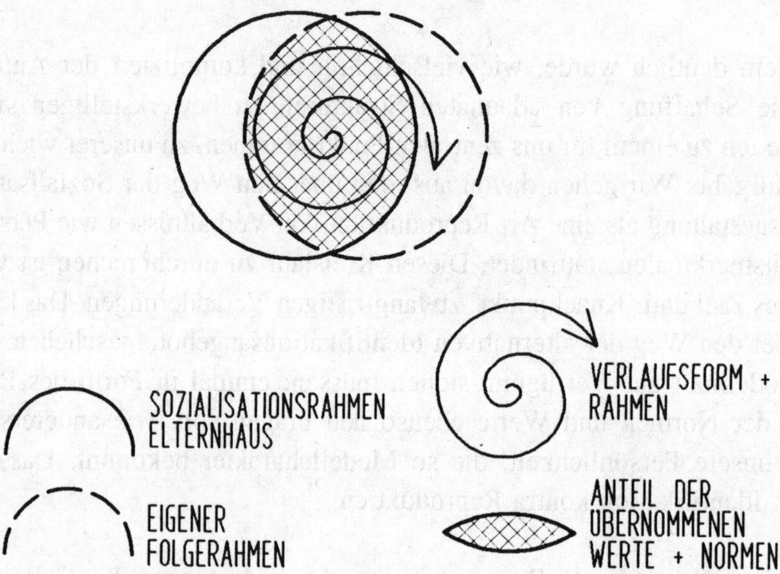

Ein Kind wächst in seiner Familie auf, und verselbständigt sich anschließend.

Das Kind erlebt die eigenen familiären Bezüge als Normalität. Es apostrophiert sie für sich nicht als milieuspezifisch. Auf einer breiten unbewußten Ebene orientiert sich jedes Kind nachhaltig an naheliegenden Erfahrungen. Diese sind auch dadurch gekennzeichnet, daß Alternativen fehlen. Problematisch werden diese Erfahrungen dann, wenn sie sich am Rande der gesellschaftlichen Normen und Werte oder gar außerhalb davon bewegen. Dann nämlich fehlt die wirkliche Chance, etwas für sich - oder für eine positive Einstellung der Gesellschaft gegenüber - zu verändern. Aufgrund dessen halte ich Heimerziehung für legitim und in manchen Fällen sogar für zwingend notwendig, um Kindern aus schwer gestörten Bezügen eine Veränderung zu ermöglichen.

Schaubild D 2:
Elterliche Familie - Groß-/Normalheim - Folgerahmen

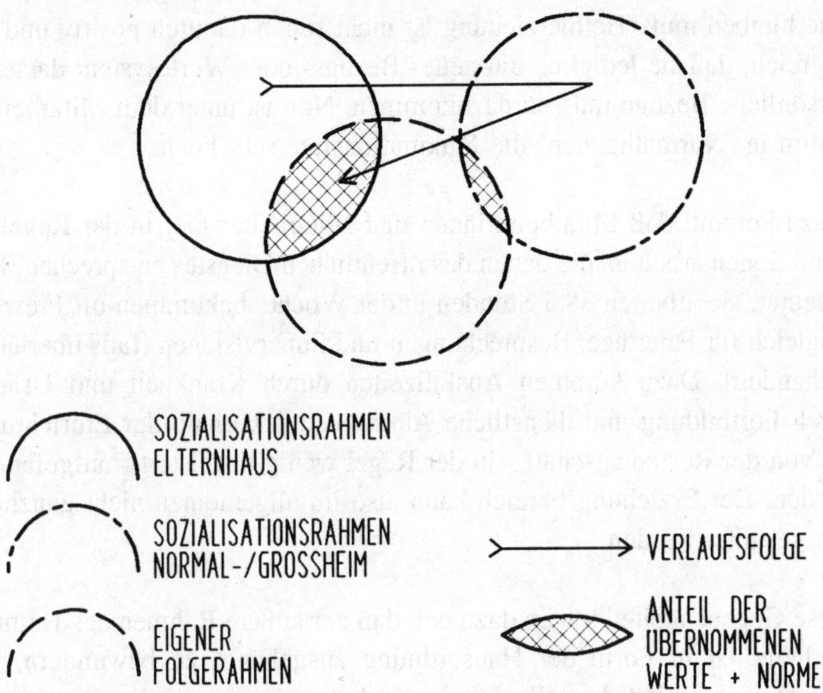

Ein Kind wird aus seiner Familie in ein Heim aufgenommen und verselbständigt sich im Anschluß.

Bei dieser und den folgenden Varianten gehe ich immer davon aus, daß die Heimaufnahme eines Kindes frühestens nach dem dritten Lebensjahr stattfindet. Es entspricht einfach der Realität, daß Kinder selten im Vorschulalter ins Heim kommen. In der Regel wird der Bedarf erst in außerfamiliären Kontakten, wie Vorschule, Hort und Schule erkannt. Wie allgemein bekannt, sind die ersten drei Lebensjahre für die Gesamtentwicklung des Kindes prägend. Bei älteren Kindern, die aus den Familien genommen werden, ist also in aller Regel eine 'Weichenstellung' bereits erfolgt. Durch die Heimaufnahme kommt ein neues, dem Kind bislang unbekanntes System hinzu.

Gehen wir hier von einem Groß- bzw. normal strukturierten Heim aus, in dem Lohnerzieher im Schichtdienst die Kinder 24 Stunden betreuen, wird schnell klar, daß die Aussicht auf Veränderung in der Regel eine theoretische bleiben muß. Heimerziehung ist nicht schon dadurch positiv und erfolgreich, daß sie lediglich ein neues Bezugs- oder Wertesystem darstellt. Persönliche Bezüge müssen dazukommen. Nun ist unter dem Mitarbeiterstamm in 'Normalheimen' die Fluktuationsrate sehr hoch.

Hinzu kommt, daß Mitarbeiterinnen und Mitarbeiter hier in der Regel zu Konditionen arbeiten, die denen des öffentlichen Dienstes entsprechen. Das bedeutet, sie arbeiten 38,5 Stunden in der Woche, bekommen oft Freizeitausgleich für Feiertage, Besprechungen und Supervisionen (falls überhaupt vorhanden). Dazu kommen Ausfallzeiten durch Krankheit und Urlaub, durch Fortbildung und dienstliche Aktivitäten außerhalb der Einrichtung, die von der Restbelegschaft - in der Regel wenig begeistert - aufgefangen werden. Der Erziehungsbereich kann also im allgemeinen nicht ganzheitlich gestaltet werden.

Diese Gegebenheiten tragen dazu bei, daß der äußere Rahmen des Heimes, oft lediglich in Form der Hausordnung ausgehängt zu bewundern, die einzige Kontinuität darstellt. Die persönlichen Bezüge in Form von zwischenmenschlicher Nähe kommen hier zwangsläufig zu kurz. Wie soll ein Kind Vertrauen fassen, sich öffnen und seinen Schmerz zeigen, wenn nicht tatsächliche, echte Bindungen aufgebaut werden können? Wenn Erzieherinnen mal drei Tage für sie da sind, dann vier Tage wieder nicht? Die Angst, sich bei Öffnung der Gefahr weiterer Beziehungsbrüche auszusetzen, ist viel zu groß, als daß Kinder es mehrere Male ohne bleibende Schäden tun können und werden. Heime ohne echte Bezüge sind Heime ohne Liebe. Ohne Liebe und tragfähige Beziehungen ist kein Modell zur Neuidentifikation gegeben. Es kann allenfalls Disziplinierung und Versorgung gewährleistet werden. Ohne neue Identifikationsmöglichkeiten und echte, lebbare Alternativen bleibt das bereits bekannte familiäre System weiterhin verinnerlicht.

Nach der Phase der Heimerziehung ´alter Schule‘ sucht das Kind in der Regel den Weg zurück, 'back to the roots'. So beginnt eine Reproduktion der alten Muster auch ggf. seiner eigenen neuen Familie. Altes, Bekanntes wird wieder gesucht und gelebt werden. Durch die während des Heimaufenthaltes entstandenen Beziehungsabbrüche können sich sogar diese Chancen noch verringert haben. So ist diese Form der Fremderziehung oft regelrecht kontraproduktiv. Das aber können wir nicht wollen.

Schaubild D 3:
Elterliche Familie - Pflegefamilie - Folgerahmen

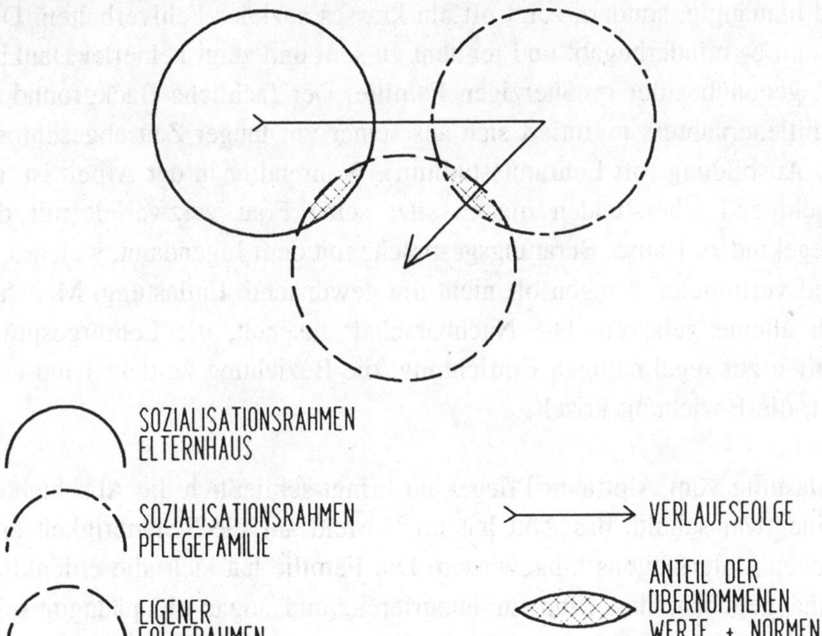

Ein Kind kommt aus seiner Familie in eine Pflegefamilie,
von wo aus es sich schließlich verselbständigt.

Eine Variante, die oft bei jüngeren Kindern erwogen wird, ist die Unterbringung in einer Pflegefamilie. Hier scheint zunächst alles stimmig. Bezüge wechseln, Identifikationsmöglichkeiten über bleibende Bezugspersonen sind gewährleistet und das in der sogenannten 'Keimzelle' unserer Gesellschaft, der Familie. Leider ist diese Idylle oft trügerisch. Der

Wunsch, ein Pflegekind bei sich aufzunehmen, kann aus unterschiedlichen Beweggründen resultieren. Es geht einem gut, da kann man etwas abgeben. Die eigenen Kinder sind außer Haus, und der Platz im Haus und im Herzen ist frei. Eigene Kinder fehlen oder sollen einen Spielkameraden bekommen. Man will zeigen, wie kompetent und engagiert man ist und vieles andere mehr ist möglich.

Was in der Regel geschieht, ist folgendes: Ein gestörtes, sozial auffälliges Kind kommt in eine "Normalfamilie". Diese hat genaue Vorstellungen davon, wie das Kind sein sollte. Das Kind ist aber nicht nur blond-gelockt und blauäugig, sondern zeigt oft ein krasses soziales Fehlverhalten. Dazu scheint es minderbegabt und renitent zu sein und zeigt keinerlei Dankbarkeit gegenüber der großherzigen Familie. Der fachliche Background des Familienernährers rekrutiert sich aus seiner vor langer Zeit abgeschlossenen Ausbildung (oft Lehramtsstudium). Während er in der Arbeit ist, und zunehmend Überstunden macht, sitzt seine Frau verzweifelt mit dem Pflegekind zu Hause. Beratungsgespräche mit dem Jugendamt, welches das Kind vermittelte, bringen oft nicht die gewünschte Entlastung. Man fühlt sich alleine gelassen. Die Nachbarschaft tuschelt, die Lehrergespräche werden zur regelmäßigen Einrichtung, die Beziehung zu dem Kind eskaliert, die Beziehung kriselt.

Entlastung vom Alptraum Pflegekind bringt schließlich die Abschiebung. Keiner war schuld, das Amt hat im Vorfeld auf die Schwierigkeit eines solchen Unterfangens hingewiesen. Die Familie hat sich alle erdenkliche Mühe gegeben, das Kind zu integrieren, und sogar die pädagogischen 'Taschenspielertricks' des Pflegepapas wurden ins Feld geführt. Der Erfolg: ein gestörtes Verhältnis zu den Nachbarn, zur Schwiegermutter und sogar innerhalb der so heil gewähnten Familie. Es kann nur einer schuld sein, das Kind. Sicher ist es behindert, hat genetisch fehlerhafte Strukturen, die selbst diese großartige Familie nicht verändern konnte.

Keineswegs will ich hier Pflegefamilien als ein Szenario beschreiben, wie es sonst nur in 'Soap Operas' zu finden ist, und mich oder den Leser auf

Kosten von Kind und Pflegefamilie amüsieren. Die Tatsachen deuten eher auf eine Tragödie hin. Es ist nicht von der Hand zu weisen, daß im Pflegekinderbereich viele solcher oder ähnlicher Tragödien passieren.

Oft beginnt das Ende schon bei der Planung. Wir nehmen ein kleines niedliches Kind, lieben es, und alles wird gut gehen. Die Auffälligkeiten von Pflegekindern sind selten dazu angetan, als liebenswert empfunden zu werden. Es bedarf mehr als der Bereitschaft, familiäres Glück teilen zu wollen. Es bedarf eines fundierten fachlichen Hintergrundes und der Bereitschaft zu langfristigem Engagement, auch wenn ersichtliche Fortschritte nicht auszumachen sind. Es bedarf eines sehr klaren Rahmens, der von konsequenter Handlungsweise getragen wird, und es bedarf der Möglichkeit, sich Regenerationsphasen nehmen zu können. Das alles kann kaum eine Familie in sich vereinen, und das muß ihr verdeutlicht werden. Kinder bekommt man nicht mit garantiertem Umtauschrecht.

Wenn Sie sich mit ehemaligen Pflegekindern unterhalten, werden Sie begreifen, daß sich kaum eines wirklich zur Familie zugehörig fühlte; weder der elterlichen Familie gegenüber noch der Pflegefamilie. Das Buhlen um Anerkennung und einen sicheren Platz endet häufig in Anpassung und aufgesetzter Akzeptanz der jeweils gültigen familiären Normen und Werte. Selbst wenn das Pflegekind bis zur Verselbständigung in der Pflegefamilie aufwächst, bleibt ihm oft Orientierungslosigkeit und viel Schmerz über erfahrene Ablehnung und vermeintliches 'Anderssein'. Es muß oft all dieses im Erwachsenenalter aufarbeiten, um wirklich Identität zu finden.

Ich will und kann nicht behaupten, daß die Form der Fremderziehung in Pflegefamilien nicht funktionieren kann, doch behaupte ich, daß sie bei vielen nicht optimal vorbereitet wird und anschließend zu wenig wirkliche Begleitung erfährt.

Schaubild D 4:
Elterliche Familie - familienorientierte Kleineinrichtung - Folgerahmen

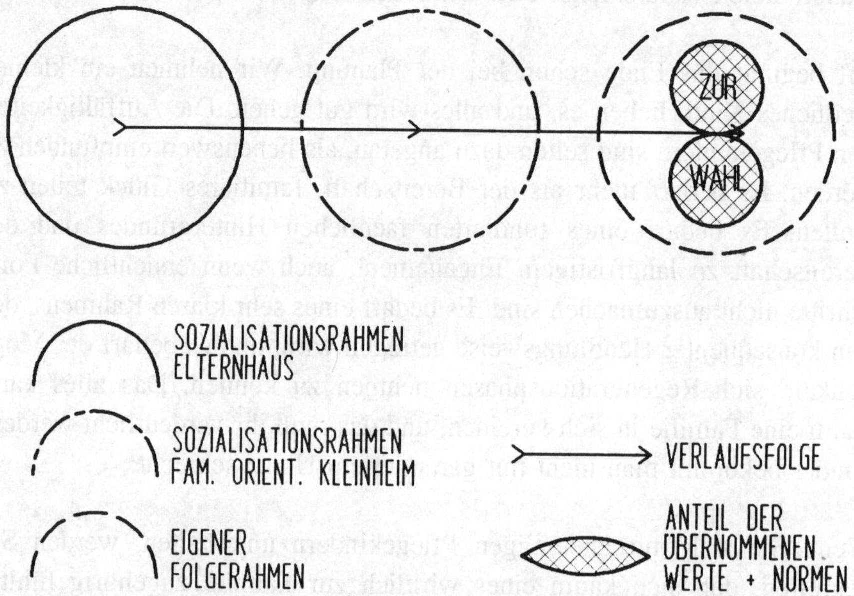

Ein Kind findet in einem familienorientierten Kleinheim Aufnahme. Ein fachlich-pädagogisch qualifiziertes Ehepaar hat in der Einrichtung seinen Lebensmittelpunkt und geht keiner anderen Berufstätigkeit nach. Bis zur Verselbständigung bleibt das Kind in der Einrichtung bzw. einer Außengruppe dieser.

Wenn wir uns die vorherigen Varianten wieder in unser Gedächtnis rufen, so stellen wir zu diesen folgende Abweichungen fest. Es findet ein Wechsel in ein System statt, welches sich durch fachliche Qualifikation *und* dauerhaft bleibende persönliche Bezüge auszeichnet. Das impliziert die Möglichkeit einer Identifikation durch das Modell Mensch. Neben dem Faktor Mensch spielt der Faktor Zeit eine bedeutende Rolle. Dauerhaftes Beziehungsangebot in einem solchen Rahmen, der durch Verläßlichkeit und Konsequenz geprägt ist, kann bei ausreichender Dauer der Heim-Aufenthaltszeit zu wirklicher Kompensation von Spät- oder Fehlentwicklungen beitragen. Darüber hinaus bietet die hohe personelle Kontinuität in Form der Hauseltern die Möglichkeit der Identifikation mit den glaubwürdig angebotenen und vorgelebten Werten und Normen. So besteht tatsächlich die alternative Wahl zwischen verschiedenen Milieu-Varianten. Wenn sich die Kinder in verschiedenen Terrains auskennen und sicher bewegen, können sie sich nach der Verselbständigung für den einen oder anderen, vielleicht für eine Mischform der Wege, entscheiden. So kann der Teufelskreis der fortlaufenden Reproduktion alter Muster unterbrochen werden. Es hängt entscheidend auch von der Kompetenz und der Persönlichkeit des Haus-Ehepaares ab und davon, welche Strukturen sie schaffen und aufrecht erhalten können, daß dieser Teufelskreis durchbrochen werden kann.

Jedes dieser so strukturierten Häuser muß eine sehr persönliche Profilgebung haben und davon leben. Diese entscheidet über Erfolg oder Mißerfolg der Neuorientierung. Verkürzt kann man sagen, ein familienorientiertes Kleinheim ist immer so gut oder schlecht wie die Menschen, die es betreiben und darin wohnen.

Die Mischformen unterschiedlicher Varianten (z.B. ein Kind kommt von A nach B, ehe es schließlich über C und D gereicht wird) möchte ich in meinem Buch vernachlässigen. Sie sind für jedes Kind von Übel. Es ist aber leider keine Ausnahme, daß schon sechsjährige Kinder vier 'Stationen' und mehr hinter sich haben. In diesen Fällen ist nicht nur kein Urvertrauen vorhanden, sondern die Beziehungsfähigkeit ist mit Sicherheit nachhaltig gestört, vielleicht sogar zerstört.

Kinder werden erfahrungsgemäß nur unter ganz bestimmten Voraussetzungen in ein Heim aufgenommen, nämlich dann, wenn elementare Störungen auf der Kommunikationsebene starke, für das Kind nachhaltig negative Spannungen erzeugen oder wenn extreme Mangelsituationen eintreten. Wenn ich eingangs sagte, alle Bezugssysteme sind in sich stabil, so meine ich auch, daß sie auch in ihrer Gewaltbereitschaft, Beziehungslosigkeit, Unzuverlässigkeit stabil sind und damit verläßliche Größen für die darin Aufwachsenden darstellen.

Ich möchte nun keine statistischen Spielereien folgen lassen, sondern lediglich darauf verweisen, daß in aller Regel Sozialisiertes verinnerlicht und als normal weitergelebt wird. Wir reproduzieren uns somit alle mehr oder weniger bewußt.

In dem Zusammenhang verstehen oft Eltern tatsächlich nicht, warum und was sie falsch gemacht haben sollen, sie haben doch alles so gemacht, wie sie es selber erfahren und als normal verinnerlicht haben. Unterhält man sich mit Heimkindern über ihre Vergangenheit, artikulieren sie in fast allen Fällen vermeintliches eigenes Versagen, wie Stehlen, Trebegang, Prügeleien etc. Ich gehe davon aus, daß bei den Kindern, die zu uns kommen, eine Weichenstellung bereits stattgefunden hat, die wir durchbrechen wollen, indem wir den Kindern für sie wirklich lebbare alternative Identifikationsmöglichkeiten aufzeigen und anbieten. Das bedeutet, unsere nachträgliche Weichen(um)stellung, so sie denn gelingt, ist für die Kinder die einzige wirkliche Chance einer nachhaltigen Veränderung.

5.
Alltag und professionelle Begleitung

Wie bewältige und begleite ich nun den Alltag in einer familienorientierten Kleineinrichtung? Wie bewahre ich mir ihre Chancen und Einzigartigkeit zum Nutzen der Kinder und wie kann 08/15-Arbeit und tödliche Routine vermieden werden?

Im Laufe meiner langjährigen Berufserfahrungen im sozialen Bereich haben einige Problembereiche klare Konturen angenommen. So ist z.B. ein weit verbreitetes Übel, daß sich Bezugspersonen im Heim oft als Zentrum begreifen und aus dieser Sichtweise heraus agieren. Das beinhaltet die fatale Annahme, daß alles was *sie* denken und fühlen, oft auch ihre eigene Sozialisation und Lebensplanung, als selbstverständlich begreifen und weitergeben wollen.

Dieses Bild der Reproduktion ist in seiner Unreflektiertheit und Statik ebenso falsch, wie die Reproduktionsmechanismen der uns anvertrauten Kinder. Ein ebenso weit verbreitetes großes Übel ist es, etwa seine Stellung innerhalb der Einrichtung, ganz gleich ob als Lohnerzieher oder Träger und Leiter, dahingehend zu mißbrauchen, daß man das Arbeitsfeld als Experimentiergebiet oder zur Verwirklichung persönlich nicht umgesetzter Idealvorstellungen benutzt. Es werden z.B. Versuche gestartet, in scheinbar gleichberechtigten Strukturen zu agieren oder Gesellschaftsmodelle überzustülpen, die in unserer Realität höchstens in theoretischen Abhandlungen zu finden sind.

Aber auch die verkrustete überholte Form: saubere und gepflegte Kinder = erfolgreiche Arbeit, findet als eine Art 'Law & Order-Prinzip' noch Anwendung. Hier gibt es Vertreterinnen der alten Schule, die, in Jugendämtern in geeigneter Position sitzend, Kinder nur in Einrichtungen vermitteln, die, wie sie sagen 'konservativ' arbeiten. Frei nach dem Motto: "Was für uns richtig war, kann heute nicht falsch sein".

Ich habe noch wenig Leute getroffen, die das von ihnen befürwortete und gehandhabte Prinzip überzeugend vermitteln konnten. Oft genug wird das eigene Weltbild unreflektiert gelebt und übertragen.

In solchen Fällen wird nicht das Kind im Mittelpunkt gesehen und nicht von ihm aus geschaut, agiert und aufgebaut. Es werden vielmehr oft Stellvertreterkämpfe auf dem Rücken besonders schwacher Mitglieder unserer Gesellschaft ausgetragen. Im Alltag müssen wir uns ständig verdeutlichen, welches unser Hauptziel ist und wie wir es erreichen können. Das kann nur die Gesellschaftsfähigkeit sein und ist nicht über statische, rezeptartige Muster zu bewerkstelligen. Die Zauberworte heißen schlicht: Flexibilität, Kompetenz und Ganzheitlichkeit.

Bleibt festzuhalten: ich kann zwar für mich entscheiden, wie gesellschaftskonform mein eigenes Verhalten ist, muß dabei jedoch meine Modellfunktion für Kinder berücksichtigen. Ich darf auch nicht Modelle vermitteln, bei denen ich davon ausgehen muß, daß diese mehr oder weniger gesellschaftlicher Sanktionen unterliegen. Das mag sich recht konformistisch anhören, aber vergessen wir nicht: einen unkonventionellen Rahmen haben die Kinder in aller Regel mindestens einmal kennengelernt, und nur aus der Kenntnis gültiger Regeln und Normen macht es für das Kind Sinn, sich Freiräume zu erschließen. Das wiederum soll es in gänzlicher Autonomie entscheiden können.

Der Erfolg unserer Arbeit besteht darin, den Weg zu ebnen und dabei ein möglichst hohes Maß an Kompetenz sowie ein Höchstmaß an emotionaler Sicherheit aufzubauen. Daraus kann sich individuell mal mehr und mal weniger entwickeln, aber es bietet das Fundament, welches für einen Start, der Aussicht auf Erfolg haben will, unerläßlich ist. Das bedeutet, wir müssen, um wirkliche persönliche freie Entfaltung zu ermöglichen, ein hohes Maß an Toleranz in unserer Arbeit üben. Natürlich bewegen wir uns hier auf einem sehr schmalen Grat. Was sind heute wirkliche Werte? Welche Normen haben noch Daseinsberechtigung? Das haben wir nicht für die uns anvertrauten Kinder zu entscheiden, das werden sie für sich, für ihre Generation selber herausfinden müssen. Wenn wir uns aufschwingen, darüber zu richten oder auch nur zu philosophieren, steht es uns alle Male besser an, es mit Gleichstarken zu tun.

Hier liegen die großen Gefahren wie auch die riesigen Chancen der familienorientierten Kleineinrichtungen. Gelingt es uns, eine tragfähige Beziehungsebene zwischen den Kindern und uns zu schaffen, so ist diese ebensowenig gleichrangig wie die zu unseren Eltern es war. Unsere gesellschaftliche Realität ist vertikal, autoritär und hierarchisch strukturiert. Gaukeln wir uns und vor allem den Kindern nichts vor!

Wer all das nicht beachtet, aus Unbedachtheit oder anderen Beweggründen 'Mogelpackungen' verkauft, geht höchst fahrlässig innerhalb seines Kompetenzbereiches um, ist meines Erachtens gar nicht kompetent und riskiert und billigt letztlich das gesellschaftliche Scheitern der Kinder. Deshalb ist es zwingend notwendig, aktuelle fachliche Kompetenz und ein hohes Maß an Empathie zu besitzen und die Bereitschaft zur bedingungslosen emotionalen Eingabe. Nicht Wohlverhalten und Anpassung gegenüber einem Konstrukt, einem Weltbild etc. darf belohnt werden, sondern die persönliche Entwicklung des Kindes im Kontakt ist ständig und immer im absoluten Mittelpunkt.

Die Vehemenz und der Eifer, den ich beim Erstellen der letzten Passagen an den Tag legte, verwundern und erschrecken mich im nachhinein ein wenig. Sieht doch alles so theoretisch und superlativ aus, und dennoch, ohne Visionen werden wir statisch, wird alles verkrustet, und deshalb ist diese Heftigkeit nicht nur legitim, sondern unerläßlich in unserer Tätigkeit. Natürlich weiß ich nur zu gut, daß gerade wir als engagierte Pädagogen schnell auch an persönliche Belastungsgrenzen kommen, wenn wir nicht verstehen, mit unseren Kräften hauszuhalten. Ich erinnere mich an viele Situationen nur zu gut, in denen ich mich recht kontraproduktiv verhalten habe. Dennoch vergleiche ich unseren Berufsstand von Verantwortung und Ethik her mit dem des Ärztestandes. Pädagogen wie auch Ärzte müssen sehr hohe Ansprüche an die Perfektion in ihrer Tätigkeit stellen, da jede Unbedachtheit fatale Auswirkungen für Interaktionsbeteiligte haben kann.

Vielleicht werde ich hier auch vom Wissen um die Tagesform-Abhängigkeit des Erzieherverhaltens, welche ich immer wieder in oft krasser Form erlebe, geleitet. Auch habe ich vielleicht zu häufig gesehen, wie sich Pädagogen zufrieden zurücklehnen, ihre Auslassungen oder gar ihre Inkompetenz pädagogisch bemänteln, und alles aus dem Wissen heraus, daß ihre Arbeit/Leistung schlechter gemessen werden kann als etwa die in einem Stückgut produzierenden Gewerbe. Das aber ist ein Trugschluß, denn auch durch unsere Arbeit entsteht ein 'Produkt', nämlich das des verselbständigten Menschen; und daran müssen wir uns messen lassen. Wir sind in der täglichen Arbeit gezwungen, offensiv und konstruktiv mit unserem Erzieherverhalten umzugehen. Wir müssen uns auch mit Fehlern und persönlichen Grenzen intensiv auseinandersetzen, sonst werden wir uns zu recht als bloße Freizeitgestalter, Ballspieler etc. bezeichnen lassen müssen. Das Tagesmanagement ist zwar Rahmen und Grundvoraussetzung, in ihm allein sollte sich jedoch die Arbeit von Pädagogen nicht erschöpfen.

Der Alltag wird durch das ´Gerüst´ bestimmt. Das pädagogisch-inhaltliche ist ebenso enthalten wie eine klare Struktur des Tagesablaufes mit festen Eckpunkten. Diese sind zwar nicht dogmatisch, beinhalten aber doch in der Regel bindende Voraussetzungen. Als Beispiel zum Ablauf eines solchen Tages möchte ich ganz banal erscheinende, für unsere Kinder aber wichtige Ereignisse chronologisch aufzählen.

Alles beginnt mit dem personenabhängig konstanten morgendlichen Weckritual, welches in der Regel von Sylvia, in selteneren Fällen von mir oder einer Kollegin übernommen wird. Vielen Kindern wird hier deutlich, wie verläßlich, konstant und emotional ein Tagesbeginn sein kann. Darüber hinaus entwickeln sie deutlich Antennen für Abweichungen. So spüren sie, wenn jemand schlechter drauf ist, besonders glücklich ist etc. und bringen das auch zum Ausdruck. Während Sylvia z.B. die Türen öffnet und recht ruhig verkündet, daß es Zeit zum Aufstehen ist, wobei sie den Kindern über das Haar streicht oder die vereinbarte Anzahl von Küßchen gibt, kennen die Kinder von mir eher eine forsche, laut singende oder reimende Art und ein wenig Neckerei. Ich mache in den betreffenden Zimmern immer die Deckenbeleuchtung an, schmettere etwas, wie z.B. "Heraus aus den Betten, heraus, heraus, die liebe Frau Sonne die lacht euch schon aus" (ein mir noch aus meiner eigenen Kindheit sehr geläufiger Reim), wobei ich die Bettdecke zurückschlage oder auch einmal einen herausschauenden Fuß kitzele.

Würde nun Sylvia meine 'Tour' fahren und ich die ihrige, würden die Kinder das nicht verstehen und auch nicht befürworten. Sylvia darf eben selbstverständlich Küßchen verteilen, aber nicht so schön und falsch laut singend wecken wie ich. Das sind für Außenstehende Winzigkeiten ohne Bedeutung, für die Kinder ist es ein Gradmesser unserer Authentizität und unserer Befindlichkeit.

Das setzt sich beim Frühstück fort. Wer macht wie welche Frühstücksbrote zurecht, legt welche Kleinigkeiten in die Brotdosen, stellt Kakao oder Milch auf den Tisch - bis hin zum Verabschiedungsritual, welches jeder anders, aber eben verläßlich und persönlich handhabt. Die Kinder wollen spüren, wie wir als Menschen sind, wie wir uns auf sie einlassen. Der Rahmen des Versorgens ist die Basis, die tausend Winzigkeiten aber machen erst den Bezug aus. Unsere Kinder könnten nichts damit anfangen, wenn sich Kolleginnen nicht wirklich auf sie einließen, indem sie versuchten, alles so wie wir zu machen, um den vermeintlichen Ansprüchen von uns gerecht zu werden. Sie wären nicht authentisch, nicht greif- oder fühlbar und stießen auf Verunsicherung oder Ablehnung.

Ein weiterer klarer Bestandteil des Tagesablaufes ist die Begrüßung nach der Schule, ein Small Talk, das gemeinsame Mittagessen und die in ebenfalls abgestecktem Rahmen stattfindenden Schularbeiten.

Darauf folgt die Freizeitphase mit klaren Regelungen der Abmeldung und der verpflichtenden Teilnahme an bestimmten Aktivitäten, die die Kinder sich selber ausgesucht haben (z.B. Trainingszeiten in Vereinen, Jugendgruppenbesuche u.a.). Ein Teil der Kinder wird bei Selbstverständlichkeiten, wie Einkäufen oder anderen Erledigungen, mit eingebunden. Frei nach dem Motto: "Wir tun etwas, damit alles so laufen kann, wie wir es brauchen." Wir haben z.B. keinen Getränke-Großhändler bestellt, der die vielen Selters- und Saft-Kisten für uns in das Haus schleppt. Das machen wir mit den Kindern, und wer noch keine volle Kiste tragen kann, der kann die Auto-, Haus- und Kellertür öffnen, Licht anmachen und andere Winzigkeiten zum Gelingen der Aktion leisten. So verläuft der Tag bis zur abendlichen 'ritualisierten' Bade-Orgie, die nach ganz klarem Muster abläuft, z.B. dem Zurechtlegen der Wäsche für den nächsten Tag und der vernünftigen, falls notwendig kontrollierten Ganzkörperwäsche.

Ganz bedeutungsvoll ist das gemeinsame Abendbrot, wo eine Mitteilungsbedürftigkeit um sich greift, die oft meine Aufnahmefähigkeit bis an die Grenze führt; danach die recht unterschiedlichen Gute-Nacht-Zeremonien, die Vorlesen, Malen, Gespräche, Rückenkraulen und vieles weitere beinhalten können.

Von großer Bedeutung war es für uns, einen Rahmen zu schaffen, welcher echte Emotionalität zuläßt und fördert. Daß wir es geschafft hatten, spüren wir an den Fragen und Reaktionen der Kinder. Solche Rückmeldungen der Kinder sind für mich das schönste Dankeschön und bauen mich ungeheuer auf.

Die Kinder merken, wenn sie zu uns kommen, schnell, daß unser Rahmen insgesamt sehr klar und konstant ist. In allem aber, was wir den Kindern an emotionaler Zuwendung anbieten, drücken wir auch aus, daß sie diese Zuwendung freiwillig annehmen können. So warte ich prinzipiell auf deutliche Signale der Kinder, ob es erwünscht ist, z.B. Körperkontakt aufzunehmen. Manche Kinder brauchen oft lange, bevor sie so etwas zulassen. Ein Junge brauchte ca. ein halbes Jahr, ehe er zu mir Körperkontakt aufnehmen konnte. Es geschah während einer Badeaktion. Es waren vier Kinder und ich im Bad, der Junge trocknete sich ab und berührte mich schließlich durch ein Handtuch über seinem Kopf an meinem. Nachdem er diese Hürde genommen hatte, folgten rasch weitere klare Signale. Heute ist er 14 Jahre alt, seit mehr als fünf Jahren bei uns und kann Körperkontakte mit mir richtig genießen.

Viele unserer Kinder durchleben anfänglich auch deutlich regressive Phasen. Dann lassen sie sich ins Bett tragen, sitzen lange auf dem Schoß, schmusen, kuscheln und lassen sich krabbeln und streicheln wie Babys.

Für Außenstehende wirkt die Form der gesuchten Nähe der Kinder und Jugendlichen, wie z.B. das Sitzen auf unserem Schoß, eher befremdlich. Auch die in der Regel recht langen und persönlich geprägten 'Gute-Nacht-Rituale' mit der dabei entstehenden Nähe gehören dazu. Doch für unsere Kinder ist es, nachdem sie es annehmen konnten, nicht nur selbstverständlich, sondern sie fordern es geradezu ein. Das Tempo der persönlichen Entwicklung wird aber immer maßgeblich vom Kind bestimmt. Eine Überforderung oder zu hoch angesetzte Erwartung führt immer zu Frustrationen beider Seiten und ist kontraproduktiv.

Im Rahmen der Dienste müssen neben dem Tagesmanagement, Echtheit, kontinuierliche Präsenz und Beziehungsangebot sowie Authentizität und Engagement vorhanden sein. Wenn noch Emotionalität und tatsächliche Nähe - bis hin zur Liebe den Kindern gegenüber - Raum ergreifen, ist der Boden für eine positive Entwicklung gegeben. Es ist natürlich, daß nicht jeder alle uns anvertrauten Kinder gleich stark lieben kann, daher müssen wir bei dem Bezugserziehungssystem sehr wohl auf beiderseitige Zuneigung achten. Sonst gibt es immer wieder eher 'verwaltete' und im Gegensatz hierzu 'wirklich angenommene und sogar geliebte' Kinder. Noch heute sehe ich den Ausdruck des Erstaunens auf den Gesichtern der Erzieherinnen, als meine Frau Sylvia 'Nähe wie zu eigenen Kindern' forderte. Wenn wir die Kinder nicht wirklich annehmen, werden sie emotional verarmen müssen. Manche jungen Erzieherinnen sind anfangs noch nicht in der Lage, einen Kuß zuzulassen oder Körperkontakt zu geben, zu schmusen, zu streicheln, zu wiegen, zu necken und zu scherzen. Natürlich ist ein Kuß auch mal feucht, ein Mund mal verschmiert oder ein Körper mal verschwitzt; doch wenn man sich wirklich auf den Menschen in seiner Gesamtheit und in seiner Bedürftigkeit einläßt, dann kann man sich auch über die ehrliche gegenseitige Öffnung und den Zuneigungsbeweis freuen.

Glücklicherweise erlebe ich im Alltag natürlich auch junge Frauen, die durchaus in der Lage sind, Kinder richtig anzunehmen, sie zu lieben. Ich erlebe, wie sie Partei ergreifen, die Ohren spitzen, wenn sie den Namen "ihres" Kindes hören, wie umfassend emotional und kognitiv gefördert wird, wie Kontakte geknüpft werden, um Wege zu bereiten, um Freude zu machen, um sie lebenstüchtig werden zu lassen.

So habe ich kürzlich erlebt, daß eine von mir wirklich sehr geschätzte Erzieherin sich in einem Dilemma wähnte, weil sie glaubte, die Nähe zwischen ihrem Bezugskind und sich nicht ins Uferlose wachsen lassen zu dürfen, weil sie als Lohnerzieherin nicht ewig für das Kind da sein wird. Sie versuchte deshalb zu verbergen, daß sie dem Kind so nahe war, wie wohl bisher niemand. Das zeigt mir auf, daß es durchaus reflektiertes Erzieherverhalten in Verantwortung gibt und daß es möglich ist, diese Kinder wirklich anzunehmen. Vielleicht sollten sich alle Erwachsenen daran erinnern, daß sie zu Hause nicht vorrangig intellektuell gefördert und mit Lebensmitteln versorgt wurden, sondern daß der zentrale Punkt für jeden als Kind seine Einzigartigkeit war. Zu vermitteln: "Du bist für mich etwas Besonderes, du bist mir wichtig und ich möchte deshalb, daß du lernst, die Lebenshürden zu bezwingen", ist ein unüberhörbares Signal für kleine und für große Leute. Es gibt keine illegitime Nähe für pädagogisches Personal in Heimen, vielmehr gibt es oft eine nicht zu vertretende 'Näheunfähigkeit' vieler junger Menschen in der zugegeben schweren und fordernden Arbeit.

Keiner ist für diese schwere Arbeit prädestiniert, weil er einmal aufs Geschwisterchen aufpassen durfte - oder besser gesagt: mußte -; oder weil er schon ein eigenes Kind hat oder etwa weil sie eine Frau ist. Ebenso ist keiner mit dem Abschluß einer Ausbildung qualifiziert. Persönlichkeitsentwicklung hat ebensowenig ein Ende wie fachliche Qualifikation.

Es würde zu weit führen, alle kleinen, spezifischen, persönlich unterschiedlichen Nuancen darzustellen, die unser Haus durch uns und die MitarbeiterInnen prägen. Je authentischer, klarer, emotionaler und konsequenter der Gesamtrahmen ist, um so mehr Freiräume eröffnen sich für pädagogische Aufgaben neben dem Tagesmanagement.

Damit solche Freiräume nicht zu bloßen Pausenzeiten werden, bedarf es nach meiner Erfahrung immer wieder Denkanstöße, schwere Geburten in Teamsupervisionen und den Versuch, sich die Tragweite des persönlichen Engagements zu verdeutlichen. Die Beschäftigung mit der jeweiligen Tagesform oder auch Querelen der MitarbeiterInnen dürfen nie so raumgreifend wirken, daß die pädagogisch inhaltliche Arbeit in den Hintergrund tritt. Hier ist ein Weg zu finden, der Klarheit in bezug auf die Erwartungen an die Arbeit schafft. Dies ist oft ein schwieriger Balance-Akt. Die Priorität hat die Arbeit und das Leben mit den Kindern. Dies muß immer wieder herausgestellt werden. Hier führen durchaus nicht alle Wege nach Rom, und schon gar nicht direkt.

Ich habe kürzlich für uns einen Fragebogen entwickelt, der hier Denkanstöße initiieren soll. Die Fragen begreife ich als Verdeutlichung des Auftrages und als Selbstverpflichtung zum Engagement. Der zweiseitige 'Fragebogen zur Arbeitssituation' wird im Anhang vorgestellt. Ich könnte mir gut vorstellen, den Bogen ebenfalls von Bewerberinnen für vakante Erzieherinnenstellen ausfüllen zu lassen. Der unsichere Umgang mit schriftlicher Planung und Überprüfung ist für mich freilich oft frappierend und kaum zu begreifen. Die MitarbeiterInnen sollen lernen, den Fragebogen nicht als Kontrolle, sondern als Arbeitshilfe zu verstehen. Die Auseinandersetzung mit dem Fragebogen als nachvollziehbare Erfolgskontrolle des Arbeitsfeldes wird bislang noch ungern angenommen.

Mit diesem Fragebogen wollte ich ein neues Motivations-Instrument für MitarbeiterInnen schaffen. Auslöser war, daß das Tagesmanagement angeblich zu wenig Raum für die Beziehungsarbeit ließ. Als wir in einem mühseligen und langwierigen Akt eine Stelle für Zivildienstleistende schafften, ergaben sich plötzlich Freiräume innerhalb des Tagesgeschehens, wo ruhiges gezieltes Arbeiten, auch mit einzelnen Kindern, möglich gewesen wäre. Leider ergriffen nur zwei Teammitglieder diese Möglichkeit in der Art, daß sie sich Zeit für außerordentliche Aktivitäten nahmen. Die anderen ruhten sich eher auf Kosten des wirklich 'zusätzlich' im Dienstplan eingetragenen Zivis aus. Das Dienstbuch bekam einen enormen Stellenwert, die Sequenzen dort wurden länger und gehäufter.

Auch bei ErzieherInnen, die es durchaus verstehen, geplant und zielgerichtet zu arbeiten, ist dennoch Entwicklung (auch in bezug auf das Team) immer nötig und möglich. Routiniertes und statisches Tagesmanagement ersetzt nicht pädagogisches, zielgerichtetes Handeln. Als Beispiel dazu möchte ich einen Tagesablauf schildern, der so vor kurzem tatsächlich an einem Sonntag bei uns ablief. Es waren zwei Erzieherinnen und ein Zivildienstleistender im Dienst.

Morgens:
Frühstück und Ruhe, da einige Kinder noch schliefen.

Vormittags:
Schularbeiten und andere Erledigungen wie: Schuhputzen, Aufräumen, Kirchgang der Konfirmanden und einiger Kinder, die auch daran teilnehmen wollten.

Mittags:
Essen und danach eine gute Stunde Mittagsruhe auf den Zimmern.

Nachmittags:
Autofahrt ins Kino und zurück.

Abends:
Baden, Essen und ins Bett.

Mich schaudert es jetzt noch, wenn ich diese 'Dauerruhe' ohne Alternativen sehe. Der einzige, der sich dazu kritisch äußerte, war der Zivildienstleistende. Er wollte wenigstens noch vor dem Kinobesuch mit den Kindern spazieren gehen. So ein Tagesablauf zeigt auch, daß die Bedürfnisse der Kinder in krassem Gegensatz zu den Erzieherbedürfnissen stehen können und so keine Beachtung finden. Es wäre schön gewesen, wenn sich die Kolleginnen den Tag einmal vor Augen geführt und selbstkritisch resümiert hätten, was wohl der eigentliche (Nicht-) Beweggrund für diesen Ablauf war.

Von besonderer Bedeutung für eine adäquate Arbeit ist das Selbstbild, welches jeder von sich hat. Die Kinder erkennen Unsicherheiten und Schwächen und nutzen sie aus. Ebenso wird jedes Kind Kompetenzmängel registrieren und an Vorgaben zweifeln, die die Teammitglieder selber nicht umzusetzen in der Lage sind. Es wirkt sich z.B. im Alltag negativ aus, wenn manche jungen ErzieherInnen selbst nicht in der Lage sind, lebenspraktische Dinge wie Einkaufen, Kochen und Aufräumen umzusetzen oder gezielt als Hilfestellung anzubieten. Auch persönliche Kontaktaufnahme wie: Telefonate, Lehrer- und Elternkontakte aber auch inhaltliche Gespräche im Team stellt für manche jungen ErzieherInnen oft noch eine hohe Leistungsanforderung dar. Kommt dann noch die Strukturierung von Tages- und Handlungsabläufen hinzu oder gar die Forderung, etwas schriftlich zu fixieren und zielgerichtet festzuhalten und zu vermitteln, werfen viele das Handtuch.

Wie wollen solche pädagogischen Fachkräfte lebenspraktische Selbstverständlichkeiten vermitteln und gesellschaftskompetent machen, wenn sie es selbst nur begrenzt sind? Wie soll Freude an Alltäglichkeiten geweckt werden, wenn diese als kaum zu überwindende Hürden vorgelebt werden? So berücksichtigen viele ErzieherInnen nur das Tagesmanagement. Auch ein Personalschlüssel von 2 : 1 ist noch kein Garant für sinnvolle, kompetente und zielgerichtete Arbeit. Es ist auch ein Persönlichkeitsprofil vonnöten, damit anstelle von 'Kinderverwaltung' eine am einzelnen Kind orientierte Vorgehensweise möglich ist.

Ein weiterer Anlaß für den Fragebogen war die Erfahrung, daß bei persönlichen Problemen viele Teammitglieder oft schnell blockierten. Es trat in Teamgesprächen betretenes Schweigen ein und/oder es begann eine Art "Legitimierungs-Pingpong", das am Kern des Problems vorbeiging. In der Regel wurde harmonisiert und ausgespart, auch da, wo persönliche Betroffenheit deutlich erkennbar war. So ergab sich, daß kritische Äußerungen und Rückmeldungen fast ausschließlich an die Leitungsebene erfolgten. Ein offener und ehrlicher Umgang der MitarbeiterInnen untereinander war aber dringend erforderlich. Auch den hoffte ich, in der Auseinandersetzung mit dem Fragebogen anregen zu können.

In seriös geführten Häusern werden regelmäßig Teambesprechungen, Teamsupervisionen und Einzelgespräche angeboten und persönliche fachliche Beratung gewährleistet. Es liegt am Gesamtteam, was es daraus macht, welche gemeinsamen Anstrengungen zu welchen Resultaten führen. Ich habe erlebt, daß jahrelange Stagnation herrschte, welche durch ein Klima der Verschlossenheit und Unaufrichtigkeit erzeugt wurde. Wenn dann an solchen 'Fassadenteams' gekratzt wird, wenn Anforderungen gestellt und Themen nicht mehr ausgespart werden, dann kommt es in der Regel erst zu einer Implosion, ehe sich das Team über eine Explosion auflöst und man feststellt, daß ein Team gar nicht vorhanden war. Es war lediglich eine lose Arbeitsgruppe, die ihre jeweiligen Einzelinteressen mit höchster Priorität besetzt hielt.

Auch wenn ein Team 'vieles mitbringt', so muß es dennoch erlaubt sein, die Arbeit fachlich zu hinterfragen. Eine Arbeit ohne Erfolgskontrolle ist auf Dauer zu wenig zielorientiert und nachvollziehbar. Ängste vor inhaltlicher Strukturierung wie auch vor verbaler und schriftlicher Eingabe zeugen für mich von wenig Professionalität und fachlicher Kompetenz.

Ein großer Trugschluß auf Leitungsebene ist es, davon auszugehen, daß alles o.k. ist, solange keine kontroversen Auseinandersetzungen erfolgen oder keine Spannungen zutage treten; daß man mit einer Sonderzahlung oder Betriebsfeier harmonisiert und das Personal bindet, und daß man durch Konzessionen an einzelne Teammitglieder (auch auf Kosten des Rahmens), Stabilität erzeugt und Fluktuation verhindert. Klarheit und direkte Auseinandersetzung ist nicht nur den Kindern gegenüber gefordert, sondern sollte auch im Team Konsens sein.

Ebenso ist falsche Rücksichtnahme kontraproduktiv. Wirklich fähiges Fachpersonal wächst an den ihm übertragenen Aufgaben und an der an sich delegierten Verantwortung. Ebenso tun Mitglieder der Leitungsebene gut daran, sich weder als omnipotent noch als grenzenlos belastbar auszuweisen. Zum einen zeigt sich in der Realität schnell für alle ersichtlich das Gegenteil, und zum anderen ist es unsinnig, mit seinen begrenzt zur Verfügung stehenden Kräften unökonomisch hauszuhalten. Wer mit Kindern lebt und arbeitet und das auf Dauer tun will, muß sich Freiräume schaffen, muß Äquivalente zum Hausalltag finden, muß Flexibilität beweisen und weitsichtig planen.

Gerät etwas aus der Balance, ergeben sich zwangsläufig Verschiebungen auf allen Ebenen. So sind längere Erkrankungen für ein Team unserer Größe eine deutliche Belastung. Seitdem sich das Gesamtteam über einen längeren Zeitraum nicht verändert hat und über jahrelange Teamsupervision einiges aufgearbeitet werden konnte, sind Erkrankungen deutlich seltener und von kürzerer Dauer, was mich in der Annahme bestärkt, daß wir konzeptionell auf dem richtigen Weg sind. Als Farce betrachte ich manche arbeitsrechtlichen Bestimmungen, die in ihrer Tragweite oft nicht erkannt werden. So ist die Dauer der Arbeitstage in einem Maße begrenzt, die eine sinnvolle Arbeit in der Heimerziehung - besonders in der Ferienzeit oder an Feiertagen - erschweren. Dies erscheint oft auch den Angestellten selbst negativ.

Auch die Regelung, bei Erziehungsurlaub den Arbeitsplatz freizuhalten, erweist sich als kontraproduktiv. Ich kann von einer Schwangerschaftsvertretung, soweit ich überhaupt eine bekomme, nicht das erforderliche Engagement verlangen, da diese immer auf der Suche nach einer Festanstellung sein wird. Es melden sich auch Kräfte, die eigentlich gar nicht eingestellt werden wollen, die jedoch mit Schwierigkeiten von seiten des Arbeitsamtes rechnen müssen, falls sie sich nicht um Arbeit bemüht zeigen. Die skurrilste Form ist mir begegnet, als sich eine Erzieherin, Berufsanfängerin im Anerkennungsjahr, schwanger in den Mutterschaftsurlaub meldete und seitdem Jahr für Jahr ein Kind bekommt und neuen Erziehungsurlaub anmeldet. Seit fünf Jahren muß ich offiziell eine Stelle für jemanden freihalten, die ohnehin keinen Schichtdienst mehr leisten kann, weil sie eigene Kleinkinder zu betreuen hat.

In diesem Zusammenhang fällt es MitarbeiterInnen oft schwer, unsere exponierte Position (d.h. die von Sylvia und mir) in ihrem Umfang und in ihrer Komplexität zu begreifen. Als im Hause Lebende befinden wir uns *ständig* in einem Umfeld, welches sehr fordernd ist. Für uns besteht ständig die Notwendigkeit zu kontinuierlichem und klarem Verhalten. Dies läßt uns wenig Raum zur Erholung, insbesondere dann, wenn Kollegen mit Jobmentalität den Dienst möglichst easy über die Runde bringen wollen, sich im Team und gegenüber den Kindern aus Konflikten stehlen und inkonsequent sind. So meldete sich eine Kollegin für zwei Tage krank, so daß ich mit Sylvia und einer anderen Kollegin Dienst machen mußte. Anschließend äußerte die mit uns diensthabende Kollegin, 'daß sie sich so angenehm zurücklegen könne, wenn wir anwesend sind'. Immer wieder müssen wir den Teammitgliedern verdeutlichen, wie exponiert unsere Stellung im Hause ist und wie wenig Erholungsphasen und Raum für eigene Freizeit wir - im Gegensatz zu ihnen - finden.

Daher müssen wir dafür Sorge tragen, uns immer wieder bewußt herauszunehmen, abzugrenzen und abzuschalten. Wir müssen immer wieder unsere besondere Situation verdeutlichen, unsere Grenzen benennen und respektieren, damit auch die MitarbeiterInnen diese registrieren und respektieren.

Jedes Heim hat die MitarbeiterInnen, die es verdient. Wenn wir auf der Leitungsebene resignieren und unsere Ziele nicht verfolgen, können wir von ihnen nichts erwarten. Wenn *wir* es nicht sind, die Bewegung fordern, die aufzeigen, was möglich und nötig ist, werden wir alle zu Verwaltern und Technokraten. MitarbeiterInnen brauchen Anleitung, um Verantwortung als Herausforderung und nicht als Belastung zu sehen und um Freiräume kreativ zu nutzen.

Gute Vergütung für gute Arbeit halte ich für selbstverständlich. Wer aber nur durch die Vergütung Motivation erfährt, ist mit Sicherheit im falschen Metier. Dennoch oder gerade deshalb wird der Bedarf an qualifizierten Kleineinrichtungen eher steigen. Hier sind nicht Frauen wie 'Mutter Theresa' oder Männer wie 'Albert Schweitzer' tätig, die sich nur bereitwillig aufopfern. Wir sind hochspezialisierte Fachkräfte, die für gute Leistung auch adäquat bezahlt werden wollen.

6. Ausblick 2000

Allen anderslautenden Behauptungen zum Trotz ist Heimerziehung für unsere Gesellschaft weder zu kostspielig noch entbehrlich. Auch für die Zukunft sehe ich keine Möglichkeit, die Kleinheime in adäquater Form ersetzen könnte. Ich werde darauf verzichten, durch Rechenexempel zu legitimieren, daß Kosten in der Heimerziehung erschwinglich sind. Erstens weil ich kein Interesse habe, auf Gegenrechenexempel erneut Gegengegenrechenexempel zu statuieren und zweitens, weil ich eine Verpflichtung, die sich der Staat sinnvollerweise auferlegt hat, weder wegrechnen noch deren Sinn infragestellen will und kann. Deshalb nur wenige Worte zu den Kosten, die leider in der Regel ohne Beachtung der Nutzen gemacht werden.

Es ist finanziell aufwendig, familienorientierte Kleinheimerziehung zu fördern. Alternativen aber sind lebenslange begleitende staatliche Maßnahmen. Rechnen wir Strafvollzug, Rehabilitationsmaßnahmen von Suchtkranken, Sozialhilfe-Kosten, Milieukriminalitätsbekämpfung zusammen, werden wir auf ein Vielfaches dessen kommen, was der Staat aufwenden müßte, um wirklich zielgerichtet im Vorfeld zu intervenieren. Wenn ich darüber hinaus ernsthaft daran interessiert bin, das Individuum zu fördern und langfristig Kosten zu sparen, gibt es nur die Möglichkeit des Ausbaus förderlicher Grundstrukturen. Diese beinhalten eine deutliche Stärkung der Rechte der Kinder auch gegenüber ihren Eltern und parallel dazu eine am tatsächlichen Bedarf orientierte Gewährleistung familienorientierter Kleinheimerziehung. Begleitende Hilfen als den Stein der Weisen auszugeben, macht oft nur unter kurzfristigen finanzpolitischen Gesichtspunkten Sinn. Wem nützt eine Familienhelferin, die mal bei sexuell mißbrauchten Kindern und deren Mißbrauchern vorspricht? Wem nützt eine noch so engagierte Jugendamts-Pädagogin, die versucht, prügelnde, saufende, fixende, zu Prostitution und/oder Betteln und Stehlen anhaltende Eltern auf die Auswirkungen ihres Tuns für ihre Kinder aufmerksam zu machen?

Diese Bemäntelung von pädagogischem Verhalten hilft lediglich den kurzsichtigen Hütern der Staatsfinanzen. In einem Zeitalter der emotionalen Vereinsamung und Verwahrlosung und der Entwertung von Grundnormen ist es geradezu aberwitzig zu glauben, hier würden Selbstheilungskräfte durch Aufklärung wirksam.

Ich sehe das alles natürlich nicht losgelöst und unreflektiert von der heutigen Realität in der Heimerziehung. Diese impliziert, daß auch das Kontrollsystem, die Fachaufsicht, mit wirksamen Mitteln und Möglichkeiten zum wirklichen Handeln ausgestattet werden muß. Es ist jedoch oft so, daß Heimbesuche von den oberen Aufsichtsbehörden oder von Mitarbeitern der Jugendämter aus finanziellen Gründen kaum noch vorgenommen werden.

Wenn solche Dienstreisen nicht mehr bezahlt werden können, bleibt nur noch die Verwaltung der Akten als Akt der Legitimation für den Fall des durchaus möglichen Versagens von Trägern und Leitern der Einrichtungen. Gerade im nächsten Jahrhundert wird es notwendig sein, sich zu entscheiden, welchen Weg man gehen will. Entweder den, den der Gesetzgeber vorschreibt und der dem Wohl aller Kinder dienen soll, oder den einer Abtrennung von Rechten und Pflichten der Reichen gegenüber denen, die nichts besitzen. Damit wird Sozialarbeit wieder etwas zur Beruhigung des Gewissens der Wohlhabenden, und Almosen werden unverbindlich und wahllos in Form und Inhalt ausgeteilt. Doch dann müssen wir auch zu dieser 'Jeder ist seines Glückes Schmied'-Haltung stehen, sie nicht bemänteln und immer neue Pseudo-Errungenschaften im Sozialbereich präsentieren. Ich bin auch in Zukunft für das Recht des Kindes auf leibliche, seelische und körperliche Unversehrtheit. Das beinhaltet für mich klare, nachvollziehbare und überprüfbare Strukturen im Bereich der Fremderziehung, und den Ausschluß von Modellen, die sich nachweislich nicht bewährt haben. Dazu gehört Heimerziehung im Sinne von Verwahrung als Mittel der Separation, die auch heute noch in vielen, ausschließlich mit bloßen Lohnerziehern geführten Einrichtungen praktiziert wird. Wir müssen begreifen, daß wir uns dem Kind als Individuum zuwenden müssen, es in seiner Wut und Ohnmacht, in seiner nicht selbst verschuldeten Defizienz annehmen, ihm Aufmerksamkeit und (Be-)Achtung schenken müssen. Schenken heißt auch: ohne gleich eine explizite Gegenleistung zu erwarten.

Wir müssen Zukunft verheißen können, und das können wir nur ehrlichen Gewissens, wenn der gesellschaftliche Rahmen es zuläßt. Aber die Gesellschaft, das sind auch wir. Hören wir auf, uns hinter dem Gebilde 'Staat' zu verstecken und treten wir wieder mutiger, fordernder nach vorn, zeigen auf, wie und warum Veränderung nötig ist. Bauen wir in einem der wohlhabendsten Staaten der Erde ein Gerüst, welches die Stabilität und Tragfähigkeit hat, Individualität zu erlauben und gleichzeitig soziale Mitverantwortung eines jeden zu schärfen. Wenn wir das nicht schaffen, weiß ich nicht, wie wir großen Herausforderungen wie Welthunger und Öko-Katastrophe gewachsen sein wollen, die wir für unsere Kinder produzieren.

Das Beschriebene kann jedoch wieder nur Rahmen sein. Wenn diese unerläßlichen Grundvoraussetzungen geschaffen sind, müssen sie auch noch sinnvoll gefüllt und ausgeführt werden, und das bedeutet, daß wir kompetente Erzieherpersönlichkeiten benötigen. Doch schauen wir uns mal genau an, was oder wer heute ausgebildet und in den Einrichtungen tätig wird. Hier sind Professionalisierungs-Strategien im Vordergrund, die meistens nicht zum Persönlichkeitsprofil der Auszubildenden passen. Weil ich davon ausgehe, daß der überwiegende Teil in Fachschulen ausgebildet wird, welche Erzieherinnen (und wenig Erzieher) ausbilden, möchte ich zuerst speziell auf diese Gruppe eingehen.

Während wir Studierende am Friedrich Fröbel-Haus in Berlin-Charlottenburg uns noch als Proletarier der sozialen Berufe begriffen, ohne die sich nichts wirklich verändern kann (und das möglichst lauthals und häufig auch auf der Straße - in Form von Demos - propagierten), sieht es heute anders aus: Die '68er' und ihr pseudorevolutionärer sozialistischer Charme wichen einem Bild der absoluten Individuation; unser grenzenloser Glaube an die Aufgabe, die uns erwartete, unsere Wichtigkeit und Fähigkeit, die mich oft ängstigten und überforderten, wichen dem technokratischen Job-

Image. Ich glaube nicht, daß wir fähiger und reifer waren als es die vielen jungen, in den Beruf des Erziehers strebenden Menschen heute sind. Der große Unterschied jedoch ist: wir taten es mit einem bestimmten Weltbild im Kopf. Wir glaubten, etwas im Sinne der breiten Mehrheit verändern zu können, wenn wir nicht zum Establishement gehörten.

Heute sehen viele Erzieher in ihrer Arbeit nicht mehr die Aufgabe, die ruft, sondern keine andere Möglichkeit, persönliche Sicherheit zu finden und sich anders eine möglichst bequeme, abgeschottete heile Welt zu bauen. Wenn früher Statussymbole wie Parka, Jeans, lange Haare und gute Einbahnstraßen-Rhetorik 'in' waren, so sind es heute: Wandschrank, Hifi und Klamotten mit Markennamen.

Das aber ist zu wenig, um wirklich eine Vision für die Aufgabe an anderen (oder gar das große Ganze und die Möglichkeit zu dessen Veränderung), zu entwickeln. Ich gebe zu, wir waren auch Traumtänzer und in einer eingleisigen 'Schwarz-Weiß-Sichtweise' gefangen. Dennoch eröffneten sich uns Horizonte, engagiert, ehrlich und authentisch an unsere Aufgaben heranzugehen. Ich möchte nichts beschönigen oder zurückholen, sondern lediglich auf unterschiedliche Rahmenbedingungen aufmerksam machen. Es hat auch bei mir noch einige Zeit gedauert, bis ich mich schließlich als konstanten verläßlichen und kompetenten Erzieher erfahren konnte, bis ich begriff, daß ich nicht aufhören darf zu lernen, zu denken und bis ich einen klaren Blick für die gesellschaftlichen Realitäten entwikkelte.

Wenn heute junge ErzieherInnen zum Bewerbungsgespräch erscheinen, sind sie ca. 19 Jahre alt, froh, die Schulzeit hinter sich zu haben und fachlich so beschlagen, wie sie sich auf die Lerninhalte einlassen konnten, nämlich gar nicht oder jedenfalls kaum.

Daß Inhalte durchaus geboten werden, konnte ich erleben, als meine Frau von 1990-1993 ihre Ausbildung absolvierte. Ich lernte dadurch auch kompetente und engagierte Lehrkräfte kennen, die auf dem aktuellen Stand der fachlichen Entwicklung waren. Doch ebenso sah ich, daß sich Teenager nur schwer auf tiefe inhaltliche Stoffe einlassen können, daß sie aufgrund ihres Entwicklungsstandes noch gar nicht in der Lage sind, die Spannungsbögen und Zusammenhänge und die Auswirkungen ihres Handelns zu begreifen. Sie sind maßlos überfordert, haben falsche Vorstellungen vom Beruf (ich kann gut mit Kindern spielen) und entwickeln große Ängste gegenüber dem Klientel, welchem sie in der Regel unklar und ohne nachzuvollziehende Intention entgegentreten. Planen, Gestalten, schriftlich Fixieren und Überdenken, schlicht gesagt: geplantes Handeln, ist ihnen kaum möglich. Manche dieser überforderten Spätpubertierenden haben eigentlich nichts, oder besser gesagt 'noch nichts' in dem Berufsfeld zu suchen.

Genau das ist ein wichtiger Gesichtspunkt: wann erscheint es sinnvoll und hilfreich, in Sozialberufe einzusteigen. Wenn ich ganz zu Anfang erwähnte, mein holpriger Weg zum Pädagogen sei letztlich hilfreich gewesen, so trifft das den Kern der Sache. Sozialberufe setzen ein Grundmaß an persönlicher Entwicklung voraus. Es ist unsinnig, Jugendliche auf Kinder und Jugendliche loszulassen, es ist kontraproduktiv, SchülerInnen an Folgeschulen auszubilden, um sie dann ohne jegliche Erfahrung ins Berufsleben zu entlassen. Das gilt für Fachschüler ebenso wie für Fachhochschüler und Hochschüler. Auch Diplom-Pädagogen (die nicht einmal ein praktisches Jahr nachweisen müssen) sind doch lediglich erwachsene Schüler, die nicht erwachsenen Schülern eine Realität vermitteln sollen, die sie selber noch gar nicht kennen können. Ich gelange immer mehr zu der Überzeugung, daß Berufe im pädagogischen und zwischenmenschlichen Bereich eher Zweitberufe sind. Auf diese Weise wäre z.B. ausgeschlossen, daß Mädchen in Ermangelung anderer Ideen traditionell in diese Berufe gehen, ohne die Grundvoraussetzungen dafür mitzubringen. Soziale Berufe verlangen neben der selbstverständlich nötigen fachlichen Qualifikation ein hohes Maß an Erfahrung, Selbständigkeit und Reife. Unter Berücksichtigung dieser Tatsachen plädiere ich dafür, die Ausbildungsgänge von ErzieherInnen, Dipl.-SozialpädagogInnen und PädagogInnen qualitativ und vom Status her auf das gleiche Niveau zu bringen. Das brächte eine generelle Aufwertung, und würde den Beruf auch für gewachsene Persönlichkeiten attraktiv machen. Darüber hinaus wird man in der Zukunft nicht umhinkommen, nach einem gemeinsamen Grundstudium Schwerpunktstudien zu installieren, von denen eines speziell auf Kleinheimerziehung (große Einrichtungen wird es dann aus fachlichen Gründen nicht mehr geben) zugeschnitten wird.

Nach den gesellschaftlichen Rahmenbedingungen und Rahmenbedingungen der Ausbildung möchte ich mich nun dem Persönlichkeitsprofil der Fachkräfte zuwenden und ergründen, wie es in Zukunft möglich sein kann, im Beruf der Heimerzieherin dauerhaft tätig zu sein. Wie sollen die fachlich versierten und persönlich reifen Erzieherpersönlichkeiten, dauerhaft in einem so schwierigen, fordernden Umfeld tätig sein? Hier muß neben den guten Rahmenbedingungen, die eine familienorientierte Kleineinrichtung bieten kann, etwas da sein, das persönliche Orientierung gibt, was hilft, dem "Burn-out" rechtzeitig vorzubeugen.

Hier bin ich Herrn Dr. U. Gschwind sehr zu Dank verpflichtet für seinen Vortrag: 'Erzieherin 2000 - Mutter, Forscherin oder Fachfrau für Überlebensfragen in der Wildnis?', gehalten 1992 auf dem FICE-Kongreß in Luxemburg. Neben seiner belebenden Art des Vortrags, waren es die von ihm genannten 9 Prinzipien, deren Beachtung und Reflektion von ihm angeregt wird und welche die 'Erzieherin 2000', wie er sie nannte, unterstützen können. Diese 9 Prinzipien sind von großer Einfachheit und dennoch schwierig in der Umsetzung. Ich möchte im folgenden die 9 Prinzipien zitieren (vgl. Gschwind 1993):

" *1. Prinzip*

Nicht die Kinder, nicht die Heimleitung, nicht der Träger sind die Ursachen meiner Probleme. Die Auseinandersetzung mit den möglichen Ursachen meiner Probleme in mir selbst bringt mich weiter als ihre Delegation an dritte, die damit meistens nichts anzufangen wissen und oft nicht verstehen, daß ich in ihnen mich selber bekämpfe.

2. Prinzip

Ich verlange nicht von mir und nicht von anderen, daß ich so sei/daß sie so seien, wie ich mich/wie ich sie gern hätte. Das tönt ungemein banal, ist aber, wie sie wissen, gar nicht so leicht zu verwirklichen. Freiheit ist der Preis, wenn es gelingt, diesem Ziel nahezukommen, Freiheit von unzähligen selbst- und fremdauferlegten Zwängen.

3. Prinzip

Für das was ich denke, was ich tue, was ich letztlich bin, trage ich allein die Verantwortung. So bin ich denn auch der Grund für das, was mir zustößt, für mein Abenteuer. Das Wort stammt ja vom lateinischen adventurus, Partizip futuri activi von advenire, und ist schwer zu übersetzen. Vielleicht kann man am ehesten sagen: was mir zuzustoßen beschieden ist. Jeder ist seines Glückes Schmied, sagt der Volksmund und sogar Gott, fragt irgendwo Meister Eckhart, ist darauf angewiesen, daß ich ihn denke, damit er sein kann.

4. Prinzip

Ich halte dafür, daß es gerade für den Pädagogen wichtig ist, zwischen Verantwortung und Schuld zu trennen, und ob es Schuld überhaupt gibt, weder meine noch die anderer. Der Begriff der Verantwortlichkeit gefällt mir besser. Es ist bekannt, daß das Vehikel der Schuld seit undenklichen Zeiten dazu dient, Macht zu transportieren. Ich vermute, daß es nicht zuletzt deshalb von allen Kirchen mit größter Sorgfalt ausgebaut und dem Menschen von Kindesbeinen an ein Schuldbewußtsein eingetrichtert wird, das vermutlich wesentlich mehr psychische Energien hemmt als fördert, wesentlich mehr Aggressivität generiert als Verantwortungsbewußtsein geschaffen hat. Erstaunlicherweise nimmt der Begriff der Schuld im Denken Jesu Christi einen erstaunlich kleinen Platz ein und es ist sicher untersucht worden, ob es in den am ehesten authentischen Worten Christi überhaupt vorkommt und in welchem Sinn. Vielleicht werden sie sagen, ich hätte den eigentlichen Kern des Lebens Christi, der Fleischwerdung Gottes nicht verstanden, sei Christi doch immerhin am Kreuz gestorben, um die Menschen von ihrer Schuld zu erlösen. Weil ich weder Theologe noch im konfessionellen Sinne besonders gläubig bin, möchte ich mich zur Frage der Interpretation des Leidensweges Christi und der seit der Zeit der Evangelisten damit allenfalls verfolgten Absichten nicht äußern, beharre aber, um zu unserem Gegenstand zurückzukommen, darauf, daß es für die Entwicklung des Kindes wesentlich wertvoller ist, wenn wir sein Verantwortungsbewußtsein wecken und schärfen, statt sein Schuldgefühl, wissend, daß sich damit Eltern, Erzieher und viele weltliche wie geistliche Strukturen eines wesentlichen Machtinstrumentes zugunsten einer Entwicklung des Kindes zur Mündigkeit berauben würden.

5. Prinzip

Es ist von so großer Banalität, daß ich mich fast schäme, es überhaupt zu erwähnen. Meine Haltung, meine Einstellung gegenüber anderen und ihre gegenüber mir stehen in enger Wechselwirkung, sind untrennbar verknüpft. Früher hieß es einfach: Wie man in den Wald schreit, ruft's daraus zurück. Seit die Wälder zu Kulturprodukten und somit echoarm wurden, muß es komplizierter gesagt werden. Die Einfachheit dieses Prinzips hindert uns im Erziehungsprozeß nicht, es jeden Tag hundertmal zu vergessen. 'Die Kinder waren heute absolut unerträglich' ist ein oft gehörter Spruch, der lauten müßte: 'Was ist nur mit mir los, daß die Kinder heute so unerträglich waren.' Damit behaupte ich nicht, daß Kinder nicht unerträglich sein können, sondern gebe lediglich einen erfolgsträchtigen Approach zur Problemlösung an. Viele Erzieher/innen sagen oft, man müsse eben die Kinder verstehen, die Eltern verstehen, die böse Welt verstehen. Seltener hört man den bescheidenen Anspruch: Ich muß mich eben verstehen. Er ist bar jedes Anspruchs auf moralische Superiorität und auf Macht, aber wirksam.

6. Prinzip

Die Einstellung anderer mir gegenüber sagt mir vieles über mich. Eigentlich ist das nur eine Abwandlung des 5. Prinzips. Immerhin kann es mir helfen, besser zu leben. 'Dieser Junge mag mich nicht. Es ist unmöglich, eine Beziehung zu ihm aufzunehmen.' Warum mag er was an mir nicht? Weshalb mag ich ihn nicht?, wären die besseren Fragen.

7. Prinzip

Die Wirklichkeit ist, was sie ist. Sie ist keine Leinwand für meine Projektionen, kein Feld meiner Träume. Wenn die Kassen meines Heimes leer sind, kann ich nicht in der Situation arbeiten, die nicht mehr existiert, sondern höre auf oder prüfe, ob ich auch unter den neuen Bedingungen Sinnvolles, für mich Verantwortbares leisten kann. Es wird im sozialpädagogischen Feld viel, sehr viel Energie verbraucht, um gegen Dinge anzukämpfen, die man nicht ändern kann, und dann frustriert zu sein, statt auf die Prüfung, welche Möglichkeiten eine neue, auf den ersten Blick vielleicht schlechtere Situation in sich birgt.

8. Prinzip

Es ergänzt das 7. und besagt, daß ich gut daran tue, die Wirklichkeit nicht mit der Wechselwirkung zwischen mir und ihr zu verwechseln. Wenn ich etwas schlecht finde, muß es noch lange nicht schlecht sein. Wahrscheinlich gibt es das objektiv Schlechte so wenig wie das objektiv Gute, umso weniger, je näher an der Wirklichkeit man zu leben sucht. Diese Tatsache entbindet mich der Verantwortung nicht, klar Position zu beziehen, aber nicht für die Welt, sondern für mich. Schließlich bin ich selber ein wesentlicher Teil meiner und vieler anderer Wirklichkeit, trage also meinen Teil Verantwortung dafür, daß sie gedeihlich ist.

9. Prinzip

Der Wert einer Tat, die ich vollbringe, liegt in ihrer Wirksamkeit allein. Wenn ich daran denke, wieviele unserer erzieherischen Akte wir an Seminaren und Teamsitzungen mit Klauen und Zehen als wertvoll, weise, nötig, dem Kinde förderlich bezeichnen, wissen oder ahnend, daß ihre Wirksamkeit annähernd Null ist - man beachte etwa das in Heimordnungen Festgeschriebene, das oft in eklatantem Widerspruch zum im Konzept niedergeschriebenen Prinzip steht: Wir erziehen unsere Kinder zu eigenverantwortlichen, sittlichen und selbständigen Menschen etc. Oder man denke an die Wiederentdeckung der 'geschlossenen' Einrichtungen, die mit wunderschönen Argumenten begründet werden wie: Selbstschutz, Verfügbarmachung für pädagogische Auseinandersetzung, Befriedigung des Sanktionsbedürfnisses des jungen Menschen etc. Dabei weiß jeder, der es wissen will, daß der pädagogische Erfolg von Gefängnisstrafen für Jugendliche sehr nahe bei Null liegt."
(Gschwind 1993, S. 149-151)

Es ist erstaunlich, wie einfach die Prinzipien sind und wie schlüssig in sich sie erscheinen. Umso verblüffender finde ich es, daß ihre Umsetzung im Alltag nur bruchstückhaft gelingt. Eines haben die Prinzipien alle gemeinsam, sie setzen voraus, daß man sich in seiner Gesamtheit reflektiert, seine Eigenverantwortlichkeit anerkennt und sich so *selbst* einbringt. Es bedarf einer gereiften Persönlichkeit mit klaren Vorstellungen und engagierter Eingabe, um diese Prinzipien auf sich anwenden zu können. Das bedeutet: unser Ausblick 2000 beinhaltet die Erzieherin 2000 mit dem Persönlichkeitsprofil 2000. Alles Fiktion? Nein, ist es nicht. Herr Dr. U. Gschwind versicherte mir in einem Brief, daß auch bei ihm die Erzieherinnen 2000 nicht gerade Schlange stehen, aber daß es sie durchaus gibt, und heute bin ich in der beneidenswerten Position, nicht nur welche zu kennen, sondern sogar zu beschäftigen. In besagtem Brief äußerte er sich auch noch wie folgt: "Vielleicht gäbe es ihrer sogar mehr (Erzieherin 2000), wenn eine größere Zahl von Heimleitern/innen solchen Menschen, die naturgemäß natürlich immer etwas 'raumgreifend' sind, mehr Freiheit im Rahmen der generellen Zielsetzungen ihrer Einrichtung gäben."

Diese These kann allerdings m.E. nur dann zum Erfolg führen, wenn Rahmenbedingungen und Persönlichkeitsprofil im "2000er" Sinne bereits vorhanden sind. Dennoch darf man sich nicht mit Minimalem - egal auf welcher Ebene - zufriedenzugeben, sondern sollte auch mutig abschätzbare Wagnisse eingehen. Bewegung ist allemal besser als sich ausschließlich Tradiertem unreflektiert und aus Angst vor Veränderung zuzuwenden. Besagte 'Freiheit' werde ich gerne zugestehen, wenn ich davon ausgehen kann, daß sich eine kompetente Fachkraft, sensibel und empathisch in Authentizität eingeben möchte.

Auch hier im "Ausblick" möchte ich zum Rahmen in Form der gültigen Gesetzgebung kommen. Das vor wenigen Jahren stolz präsentierte neue Gesetz, das Kinder- und Jugendhilfegesetz, ist m.E. in vieler Hinsicht eine Mogelpackung, die entweder ohne Insider am grünen Tisch entworfen oder aber unter der Prämisse 'Geld sparen' verfaßt wurde, vielleicht trifft auch beides zu.

Wer sich im Heimmilieu auskennt, weiß, wie es um die Verhältnisse in vielen Elternhäusern bestellt ist. Genau in Richtung Elternhaus soll nach dem KJHG (§ 34 ff) von allen gemeinsam, also mit Eltern, Kindern, Erzieherinnen und Kolleginnen von Jugendämtern eine Erziehungsplanung mit Blick auf die Reintegration in die elterliche Familie entwickelt werden. Hier gehen Anspruch und Realität in einer so eklatanten Weise auseinander, die mich an den Rahmen der 'Scheidung' erinnert. Man kann nicht alles an einem runden Tisch zusammenwürfeln und dabei glauben, auch nur annähernd etwas Tragfähiges, für das Kind Positives, erarbeitet zu haben. Ich brauche die Ebene des zum Wohle des Kindes realistisch Umsetzbaren. Es mag Einzelfälle geben, bei denen diese gesetzlichen Vorschriften anwendbar sind, in der Regel sind sie jedoch nicht sinnvoll und zuträglich.

Unsere Kinder kommen in aller Regel aus Familien der 'Unterschicht'. Diese sehen nicht nur Amt und Heimleitung in der Hierarchie weit weg und konkurrenzlos stark, sondern entwickeln fast zwangsläufig das Gefühl, versagt zu haben, Rabeneltern zu sein, oder sie bewegen sich so weit im Abseits, daß sie mit Normen schlechthin nicht mehr messen und gemessen werden können. Woher nimmt eine so zusammengesetzte illustre Runde die Basis zu einer Art Gemeinsamkeit? Da sind die 'Amtsleute' und die 'Studierten', die letztlich nichts sagen als: 'So nicht, du kannst nicht erziehen' und sich mit schlagender Rhetorik in tollen Konzepten ergehen. Und da sind die Eltern, überzeugt, Bevormundung zu erfahren und an Mittelschicht-Schemata gemessen zu werden; diese sagen: Ich bin nicht so gut wie 'die da oben'.

Es ist einfach ein absurdes Szenario, das da verordnet ist und in der Regel nur abgehakt wird. Es bindet nur Kraft und Zeit, die an anderer Stelle deutlich sinnvoller und für die Kinder effektiver genutzt werden könnte. Zerstörte Familienstrukturen müssen als solche bezeichnet werden und dem muß notfalls im Rahmen des Sorgerechts Rechnung getragen werden. Elternarbeit muß individuell gestaltet und im Dreieck 'Eltern - Jugendamt - Einrichtung' unter der Prämisse 'Wohl des Kindes' behandelt werden. Erziehungs- und Entwicklungspläne können sinnvollerweise nur am Ort des tatsächlichen Geschehens entstehen und müssen die Handschrift der Praktiker tragen. Reintegration in die elterliche Familie ist ein Schritt, der genauestens geprüft werden und der gezielt, langfristig mit Unterstützung von Jugendamt und Einrichtung vorsichtig vollzogen werden muß. Es muß gegebenenfalls für die Einrichtung, sprich Bezugserzieher, möglich sein, auch in einer Phase der begonnenen Annäherung, eine Reintegration ins Elternhaus abzulehnen. Es kann nicht angehen, daß dann Rechtsanwälte, die weder die Umstände noch die wirklichen Gegebenheiten vor Ort kennen, ihre Mandanten (die Eltern) so vertreten, daß sie auf Biegen und Brechen auf der Herausnahme aus einer Einrichtung bestehen. In der Regel haben sie die Kinder nicht einmal gesehen oder gesprochen. Deshalb sind sie außerstande, die Interessen des Kindes auch nur annähernd zu vertreten.

Auch die verpflichteten Experten wollen mit ihren Gutachten in wenigen Stunden über ein ganzes Leben entscheiden. Diejenigen aber, die um die Kinder und deren Befindlichkeit am genauesten informiert sind, die Pädagogen vor Ort, werden behandelt, als seien sie nicht existent. Diese aber wissen am ehesten um die ganz persönlichen Leidenswege der Kinder, und sie sind es, die nach jedem Scheitern mit noch mehr gequälten Individuen konfrontiert werden. Sie sind die Experten, die gefragt werden müssen, wenn es tatsächlich um das Wohl des Kindes gehen soll. Ich versichere, jede Kollegin würde es begrüßen, wenn ein Kind zu den Eltern zurückkehren kann, wenn sie darin positive Möglichkeiten für das Kind erkennt. Sie weiß aber auch, daß jeder neue Beziehungsbruch für das Kind die Gefahr der Beziehungsunfähigkeit und somit der Gesellschaftsunfähigkeit darstellt. Wenn einerseits eine kompetente Kraft in einem kompetenten Umfeld und intaktem Rahmen gewünscht ist, kann diese auf der anderen Seite bei so weitreichenden Entscheidungen nicht ausgeschlossen werden.

Die Folgerung daraus ist, daß in einem klaren Rahmen agiert werden kann und durch eingebaute Erfolgskontrollen Rückmeldungen darüber gegeben werden, ob und was sich in welchem Maße bewegt. Der klare Rahmen muß von Fachleuten und wirklichen Insidern definiert werden und er muß so ausgestattet sein, daß er die Dinge leistet, für die er geschaffen wurde. Die Zukunft wird uns lehren, ob wir durch Kurzsichtigkeit Chaos vorprogrammieren, welches ein Vielfaches an Energie und Geld kosten wird.

Darüber hinaus muß sich die Ausbildung verstärkt an Leute wenden, die diese verstehen und auch mit deren Inhalten umgehen können. Das impliziert eine Anhebung auf ein generell hohes Niveau und eine Spezialisierung nach tatsächlich vorhandenem Bedarf. Im Zuge dessen wird sich eine Image-Erhöhung automatisch einstellen und die Attraktivität der Sozialberufe deutlich mit dem Grade der wirklichen Professionalisierung wachsen. Alles wird sich nur dann realisieren lassen, wenn sich die geeigneten Persönlichkeiten dazu bereit erklären, einen solchen Berufsalltag in ihr Leben zu integrieren. Heimerziehung darf nicht länger ausgegrenzt und lediglich bei Bedarf in Ausschnitten - möglichst schillernd - vorgezeigt werden.

Der Heimalltag ist nicht die rührselige Hilfe am elternlosen oder ausgesetzten Kind, er ist auch nicht der Horror aus dem Boulevardblatt über das geschlossene Heim nebenan. Heimalltag ist eine vielschichtige, diffizile Arbeit, die in unserer Gesellschaft genauso ihren Platz hat wie andere Normalitäten, die uns auch nicht immer nur gefallen. Wir müssen versuchen, sie weiter zu entwickeln und zu entmystifizieren und sie immer daran messen lassen, was sie leistet. Wir müssen Akzeptanz schaffen und wir müssen durch Leistung überzeugen, genauso wie wir verdeutlichen müssen, daß Heimerziehung ein Phänomen ist, das uns auch in Zukunft begleiten wird und das sich verändert in Form und Inhalt. Nur wir selber werden in der Lage sein, Akzeptanz zu schaffen, indem wir Einblicke verschaffen, uns öffnen und uns so als etwas "Normales", "Dazugehöriges" präsentieren. Erst dann wird man auch über die finanziellen Mittel reden können, ohne dabei gleich das Gefühl zu haben, sich für den Bedarf entschuldigen oder erklären zu müssen.

Es gibt viel zu tun, wir sollten endlich beginnen. Wir, das sind alle, die ehrliches Interesse an der Aufgabe haben und bereit sind, sich wirklich einzugeben, und darüber hinaus in der Lage sind, sich zu hinterfragen und Aufgeschlossenheit gegenüber anderen und deren Vorstellungen zu zeigen. Wir müssen aufhören, Einzelkämpfer zu sein, andere Einrichtungen lediglich als Konkurrenz zu empfinden, uns vor ihnen zu verschließen, ohne dabei das Unvergleichliche, das Persönliche, das jede familienorientierte Kleineinrichtung auszeichnen sollte, zu verleugnen.

7.
Persönliche Grundlagen

Bei aller Belastung, der Lohnerzieher und wir ausgesetzt sind, bleibt festzuhalten, daß persönliche Belastung nie als Legitimation für Erzieher-Fehlverhalten benutzt werden darf. Nun gibt es auch über dieses Thema Betrachtungen aus unterschiedlicher Blickrichtung. Uwe Mitransky hat z.B. in seinem Buch 'Belastung von Erziehern' versucht, minutiös aufzuzeigen, wie und wo Belastungen in welcher Intensität entstehen und wie damit umgegangen wird. Belastungsprobleme aus dem Heimalltag werden anhand vieler Zahlen, Tabellen und Schaubilder aufgezeigt. Für mich hat das Buch mehr statistischen als persönlichen Wert. Ich erfahre lieber über persönliche Bezüge das eine oder andere 'Aha-Erlebnis'. dazu zählen für mich auch, losgelöst von der Heimebene, Bücher aus der Männerliteratur. Hier möchte ich stellvertretend für viele Autoren die Namen Wilfried Wieck (Wenn Männer lieben lernen; Männer lassen lieben) und Volker Ellis Pilgrim (Elternaustreibung) nennen. Als Mann finde ich mich hier in vielen meiner Ängste und Prägungen deutlich wieder und stelle fest, daß nicht nur ich unvollkommen bin und Entwicklung etwas ewig Begleitendes ist. Für unerläßlich und bedeutend für alle Pädagogen halte ich auch die Standardwerke von Alice Miller und von Paolo Freire.

Ich möchte hier aber nicht weiter auf Personen und Meilensteine in der Geschichte der Pädagogik eingehen. Verdeutlichen wollte ich die Zusammengehörigkeit verschiedener persönlich prägender Elemente, wie Praxis in der Arbeit, persönlicher Umgang und Entwicklung in Familie, Partnerschaften und peer-group, Fach- und Sachliteratur, Offenheit für ein ausgeprägt humoristisches Weltbild und Millionen urpersönlicher, kleiner Erfahrungen.

Mir wurde in den Jahren 1993/94, als ich eine Ausbildung in Gestalttherapie begann, deutlich, wie wenig wichtig ich mich nahm, wie wenig ich mich in meiner Bedürftigkeit wiederfand. Plötzlich überkam mich der Gedanke, daß ich das vielleicht alles nur tat, um 'ein braver Junge' zu sein, ein 'lieber Ehemann', um Anerkennung zu finden und um einfach liebenswert (wert, geliebt zu werden) zu sein. Diese Erkenntnis verunsicherte mich in meinen Grundfesten. Die Sinnfrage stellte sich und ich bekam Angst, am Ende würde vielleicht herauskommen, daß ich alles, was ich aufgebaut hatte, wofür ich lebte, gar nicht wollte, es über Bord werfen würde und am nächsten Tag vor dem Trümmerhaufen meines Lebens stünde. Ich war von Schmerz und tiefer Traurigkeit erfüllt, fühlte mich unfertig, inkompetent - als Versager. Nachdem ich die Grundausbildung abgeschlossen hatte, begann ich eine eigene Psychotherapie, in der ich mich nicht mehr aus der Sicht des angehenden Therapeuten mit mir beschäftigte, sondern auf die Klientenseite wechselte. Ich merkte deutlich, daß mir diese 'Zweierveranstaltung' gut tat, auch wenn sie ähnlich fordernden Charakter hatte.

Ich erzähle das, um aufzuzeigen, daß keiner wirklich am Ende seiner Entwicklung steht und schon gar nicht die Menschen, die glauben, einen besonders abgerundeten Charakter zu besitzen. Von Bedeutung ist, auch mit seiner dunklen Seite leben zu können, diese annehmen zu können. Dunkel ist hier nicht mit 'schlecht' zu verwechseln. Sich einzugestehen, nicht omnipotent zu sein, diffuse oder auch klare Ängste nicht als Makel zu erleben, Kontaktprobleme, Probleme mit der Annahme der eigenen Körperlichkeit etc., alle diese vermeintlichen Fehler und Macken als Teil der Persönlichkeit zu integrieren, ist oft unendlich schwer. Wenn mich dieser Weg auch an Grenzen führte, so glaube ich doch, daß er für mich in gewisser Weise sehr förderlich war. Das wirklich Bedeutungsvolle für mich war die Erfahrung, daß auch ich als bezahlter Helfer professionelle Hilfe ebenso in Anspruch nehmen darf und auch muß.

Ich spüre beim Niederschreiben dieser Passage wieder die Bewegung und Rührung, die mir zeigt, daß es mir von größter Bedeutung war, mich hier so zu erklären. Mir wird erneut bewußt, wie elementar wichtig und notwendig es für mich ist, in meiner Entwicklung dauernd in Bewegung zu bleiben. Ich bin gerührt und fühle, daß ich lebe. Dies mitzuteilen, ist ein Schritt, den ich mir ohne die Bewegung der letzten beiden Jahre nicht erlaubt hätte, da er mir absurd, peinlich und unfachlich erschienen wäre.

Im Rahmen meiner Diplomarbeit habe ich mich mit der Rolle des Lohnerziehers auseinandergesetzt und u.a. auch mit seiner Motivation, sich als ganze Person wirklich einzubringen. Ich stellte fest, daß mit öffentlicher Erziehung, sei es durch private oder andere Träger, immer unterschiedliche Erwartungen verbunden sind. Zum einen sind es gesamtgesellschaftliche in Form von Richtlinien und Gesetzgebung der Regierenden, zum anderen sind es die der verschiedenen Träger von Einrichtungen, etwa der Kirche. Dazwischen stehen die Lohnerzieher, ebenfalls mit eigenen Motiven und Erwartungen. All das wirkt in der Heimerziehung zusammen. Man muß sich im klaren darüber sein, daß man hier in einem Gesamtsystem verankert ist, innerhalb dessen unterschiedliche Motive wirken, und daß die gesetzten Prioritäten nicht zwangsläufig deckungsgleich sind. M.E. ist der Lohnerzieher in diesem komplexen Erwartungsgefüge primär auf den Erhalt eines Äquivalents als Tauschwert für seine Arbeitskraft ausgerichtet. Die Erziehung von Kindern durch die Weitergabe gültiger Werte und Normen kann nicht notwendig für ihn als Motivationsgrundlage dienen, da er sich selbst im Geflecht unterschiedlicher Werte bewegen muß.

An einigen Beispielen möchte ich diese rein tauschwertorientierte Arbeitsweise darstellen, aus der ersichtlich wird, wie viele Kolleginnen und Kollegen auch heute noch dadurch daran gehindert sind, sich effektiv, dauerhaft und emotional einzugeben.

Erstes Beispiel:

Es ist Wochenende, ein Kind schießt einen Ball auf einen Baum und wendet sich hilfesuchend an eine Kollegin. Diese lehnt es ab, den Ball zu holen und vertröstet es (es ist Samstag) auf Montag, da hätte der Zivi wieder Dienst. Als das Kind frustriert ist, ärgerlich wird, schickt sie es aufs Zimmer.

Dieser banal scheinende Vorfall hat einiges an Bemerkenswertem. Einmal wurde dem Jungen (7 Jahre alt, bei einem Entwicklungsalter von ca. 5 Jahren) nicht vermittelt, daß man sich selbstverständlich selbst bemüht, Sachen wieder in Ordnung zu bringen. Zum zweiten wurde auf bedenkliche Art aufgezeigt, daß man nicht helfen muß, da es offensichtlich immer andere gibt, die die Sache für mich erledigen. Darüber hinaus erfolgte eine Bestrafung, die das Kind als ungerecht und willkürlich empfinden mußte. Diese Bequemlichkeit der Kollegin ist nur aus ihrer Tauschwert-Arbeitshaltung heraus erklärlich, es sei denn, ich deklariere sie schlicht als Faulheit.

Zweites Beispiel:

Ein Junge fragt eine Kollegin, die am nächsten Tag Frühdienst hat, ob sie ihn, wenn sie kommt, wecken würde, damit er sich langsam wieder an das frühe Aufstehen (letzter Ferientag) gewöhnen kann. Sie verneint an dem Abend nicht, fragt lediglich, was er denn so früh machen wolle. Am kommenden Morgen weckte sie ihn nicht. Die Kollegin ist diejenige, die sich darüber beschwert, daß manche Kinder beim Wecken nicht sofort aus dem Bett fallen.

Richtig wäre es gewesen, den Jungen für sein Vorhaben zu loben und ihn in seiner Verantwortlichkeit für sich selber bestärken. Aber anstatt der Belohnung erwartete ihn am nächsten Morgen folgende Mitteilung der Erzieherin: "Wer so spät aufsteht, bekommt kein Frühstück mehr. Wir essen ja gleich Mittag." Die Kollegin hatte offensichtlich kein Interesse, sich innerhalb ihres bezahlten Dienstes einem Kind individuell zuzuwenden. Auch sie hielt ihren Tauschwert hoch, in dem sie sich schonte, ohne zu reflektieren, wie dieses Verhalten auf das Kind wirken muß. Auch das nenne ich disqualifizierende Faulheit.

Drittes Beispiel:

Ein zwölfjähriges Mädchen hat Schwierigkeiten, die geforderten Mathe-Aufgaben zu begreifen. Sie werden aber in einer Arbeit behandelt, welche in der nächsten Woche geschrieben werden soll. Das Mädchen hat eine längere schlechte Phase, innerhalb derer sie sehr impulsiv und auch aggressiv reagiert. Zwei Kolleginnen geraten deshalb in große Auseinandersetzungen mit ihr, bemühen sich dennoch, ihr den Stoff zu vermitteln, damit sie keine Sechs schreibt. Das geht ca. drei Tage so und rechte Fortschritte sind nicht erkennbar. Im Dienstbuch wird vermerkt, daß eine andere Kollegin am Wochenende mit dem Kind weiter üben soll, da die beiden Erzieherinnen, die sich vorher bemühten, keinen Dienst haben; die Arbeit soll aber am darauffolgenden Montag geschrieben werden.

Zum Erstaunen aller war am Tag darauf im Dienstbuch zu lesen: "N. hat die Rechenaufgaben ohne Ärger zu machen korrekt gelöst und erledigt." Als die Arbeit den Schülern zurückgegeben wurde, stellt sich heraus, daß das Mädchen alle Rechenaufgaben falsch hatte. Sie hatte die Aufgabenlösung nicht verstanden. Anhand der Übungsaufgaben stellten wir - gelinde gesagt - erstaunt fest, daß die Übungsaufgaben alle richtig gelöst waren. Auf die Frage, wie das sein kann, antwortete das Mädchen: "K. (die Erzieherin) hat mir geholfen."

Die Kollegin K. hatte ihr nicht geholfen. Sie hatte sich lediglich aus der Affäre gezogen, dadurch daß sie die Aufgaben anstelle des Mädchens gelöst hatte. So hatte sie für sich den Streß mit dem Mädchen vermieden, den die anderen Kolleginnen auf sich genommen hatten. Sie war den Weg des geringsten Widerstandes gegangen - auf Kosten von Kind und Kolleginnen - auch eine Art, seinen 'Tauschwert' hochzuhalten.

Gegenüber dieser Tauschwert-Arbeitshaltung des Lohnerziehers erweist sich die tendenziell nicht-hierarchische Struktur eines familienorientierten Kleinheimes als wirkliche Chance. Hier gibt es in der Regel eine sehr überschaubare Gruppe, einschließlich Träger und Leiter, im gleichen Boot.

Es sind keine überalterten, tradierten Werte im Vordergrund, kein übergeordneter Wasserkopf am grünen Tisch ersinnt oder negiert Inhalte die den ErzieherInnen fremd bleiben. Übergeordnete Interessen kommen nur insoweit zum Tragen, als Grundnormen und Werte vermittelt werden, allerdings auch hinterfragt werden sollen. Es zeigt sich deutlich, daß Kleineinrichtungen dadurch denjenigen überlegen sind, die unüberschaubar, oder in größere Systeme eingebunden, und dem jeweiligen Gesellschafts- und Weltbild verpflichtet sind.

Wenn ich solche Beispiele aufliste, bin ich froh, auf andere Erfahrungen zurückblicken zu können. Dennoch bleibt auch bei uns hier vieles zu tun.

8.
Leben und Arbeiten im Kleinheim - ein Resümee

Was mir im Rahmen des Buches noch bleibt, ist eine kurze Resümierung des Lebens und Arbeitens in einer familienorientierten Kleineinrichtung aus meiner persönlichen Sicht.

Ich habe gelernt, in einer Einheit zu leben, innerhalb der ich nicht mehr zwischen Arbeitszeit und Freizeit zu unterscheiden brauche. Dennoch brauche ich gewisse Bedingungen, um für alle Seiten zuträglich leben zu können:

Fast selbstverständlich erscheint mir, daß man in dieser Form nur in *einem* Haus, *einem* Heim oder *einer* Einrichtung leben kann. Nicht nur, weil jeder begrenzt belastbar ist, sondern vielmehr deshalb, weil ein Mensch zu einer Zeit nur an einem Ort leben und somit auch wirken kann. Andernfalls geht das Einzigartige verloren, wenn man glaubt, gute Bedingungen, die man innerhalb eines Hauses erreicht hat, auf weitere Häuser beliebig übertragen zu können. Schnell findet man sich dann in einer reinen Managerrolle wieder, die sicher auch ihre Reize haben mag, jedoch an der ursprünglichen Intention gänzlich vorbeigeht.

Die wirtschaftliche Seite, oft ein ungeliebtes Kind, darf niemals vernachlässigt werden, sie ist eine ebenso tragende Säule, wie die Pädagogik es ist. Neben der finanziellen Absicherung durch realistische Pflegesätze, ist es dringend vonnöten, Stützen in Form von MitarbeiterInnen zu haben. Ich halte einen Personalschlüssel von 2:1 (zwei Kinder, eine Fachkraft) für angemessen und sinnvoll. Neben der Transparenz, die ich bereit bin, gegenüber Jugendämtern, Eltern, Kolleginnen, Nachbarn und Bekannten zu gewähren, erwarte ich von den MitarbeiterInnen ein System von Entwicklungs- und Erziehungsplänen, Entwicklungs- und Erziehungskontrolle.

Das Bezugserziehersystem ist meines Erachtens das System, welches am erfolgreichsten Nähe-Aufbau ermöglicht. Dieser ist wiederum Grundvoraussetzung für 'Sockelnachbesserung' und für kompensatorisches Arbeiten mit den Kindern generell.

Ich versuche darüber hinaus, ich zu sein und zu bleiben. Das bedeutet, ich zeige mich in all meinen Facetten und bin so authentisch und echt. Die Entwicklung meiner Persönlichkeit ist mir wichtig, und ich nehme mich in meinen Bedürfnissen an. Ich erlaube mir, fröhlich zu sein, wenn ich es bin; ich zeige meine Traurigkeit und ich zeige mich nicht, wenn ich mich dazu nicht imstande fühle. Das bedeutet, ich spiele nichts vor, was im Rahmen des dauernden Miteinanders auch nicht möglich wäre. Meine Ungerechtigkeiten und mein Fehlverhalten versuche ich, soweit sie mir bewußt sind oder gemacht werden, zu reflektieren und zu erläutern; und das verlange ich von allen mit mir Lebenden und Arbeitenden auch. Ich bin nicht der Altruist, sondern ich bin darauf bedacht, daß es mir gut geht und ich mir Wünsche erfüllen kann, die eine gewisse Freude und Befriedigung herbeiführen, ohne die ich den Anstrengungen des Tages nicht gewachsen wäre.

Für mich ist es legitim, an das Fachpersonal bezüglich der Eignung für unsere Einrichtung hohe Anforderungen zu stellen, und gegebenenfalls zu selektieren. Ich verlange von Fachkräften ein gewisses Maß an Persönlichkeit und Kompetenz sowie die generelle Bereitschaft, sich fachlich aktuell auf dem laufenden zu halten. Job-Mentalität lehne ich strikt ab und erwarte offene und ehrlich emotionale Eingabe. Dies tue ich in dem Wissen, daß die Kinder ohne das alles keine wirkliche Chance haben, die von uns angestrebte Gesellschaftsfähigkeit zu erlangen. Ich erwarte großes Engagement und ein hohes Maß an Einsatz, Kreativität und Echtheit sowie Authentizität den Kindern gegenüber, weil ich weiß, daß Erzieher nur so Annahme finden, und etwas bewirken können. Konsequenz, Kontinuität und Zeit sind neben der Zuwendung, Förderung und Versorgung die Eckpfeiler des ´Gerüstes', durch das wir uns in die Lage versetzen, den Teufelskreis der Reproduktion zu durchbrechen.

Das so geführte Leben erfüllt mich. Meiner Überzeugung nach gibt es keine sinnvollere Alternative der Fremderziehung, als die einer familienorientierten Kleineinrichtung, innerhalb der mindestens ein Erwachsener seinen Lebensmittelpunkt findet. Hier sehe ich für Personal und Leitung die beste Möglichkeit, sich in seiner Kompetenz und in seiner Kreativität menschlich einzubringen und sich selber (zum Nutzen der anderen) zu verwirklichen. Ich verlange von mir und allen hier Tätigen, daß keine Ideologien aufgesetzt und keine Extreme gelebt werden, sondern daß wir uns unserer Vorbildfunktion und unserer Macht voll bewußt sind und verantwortungsvoll damit umgehen.

Meine Ausführungen erscheinen niedergeschrieben so rund und so einfach. Ich kann nur hoffen, in Ansätzen verdeutlicht zu haben, auf welches fordernde, riskante Unternehmen man sich mit einer solchen Einrichtung einläßt und wie elementar die Veränderung des eigenen Lebens dadurch wird.

Ich wünsche mir, daß sich Fachkolleginnen und -kollegen ein Herz nehmen, um ähnliche Bezüge für die Kinder zu schaffen, die dringend darauf angewiesen sind, Orientierung zu finden. Alle Kolleginnen und Kollegen sollten dies aber in dem vollen Bewußtsein der großen Verantwortung und Tragweite tun. Hier kann man nicht einfach den 'Kram' hinwerfen, an den Folgedienst delegieren oder zeitweilig aussteigen. Auch deshalb möchte ich noch einmal darauf hinweisen, wie wichtig für ein solches Vorhaben auch die Belastbarkeit und das Vertrauen innerhalb einer Liebesbeziehung sein muß. Es geht nie alles gut, es gibt immer Höhen und Tiefen, es wird immer fordernd sein, und dennoch bietet es, auch wenn es paradox klingt, Freiräume, die ich vorher nie hatte und auf die ich nicht wieder verzichten möchte.

Es würde mich freuen, Rückmeldungen von Lesern - von FachkollegInnen, aber auch von direkt oder indirekt Betroffenen oder von einfach Interessierten - zu bekommen. Durch Anregungen und konstruktive Kritik wird es mir sicher auf die ein oder andere Weise gelingen, noch wirksamer, noch befriedigender tätig sein zu können.

Kinderhaus Eiderstedt
Ralf Brier, Dipl.-Soz.päd.
Karkenstraat
D-25882 Tetenbüll
Telefon (04862)686
Telefax (04862)1598

9.
Anhang

KONZEPTION DES KINDERHAUSES EIDERSTEDT

3. überarbeitete Version, Stand 1995

Nachdem unsere Einrichtung seit nunmehr fast 6 Jahren besteht und die Ihnen vorliegende Konzeption einige bedeutende Veränderungen noch nicht beinhaltet, halte ich es für notwendig, die erneut gesammelten praktischen Erfahrungen und Veränderungen - im Rahmen einer überarbeiteten Version der Konzeption - einfließen zu lassen. Einige Passagen sind nicht oder kaum verändert, da wir unsere generelle Linie selbstverständlich weiter verfolgen. Andere Passagen sind durch Erfahrungswerte modifiziert und/oder durch aktuelle Entwicklungen (z.B. Erstellung einer Außenwohngruppe für Jugendliche) und Überlegungen hinzugefügt worden. Wir wollen Sie mit der überarbeiteten, hier vorliegenden Version, nicht verunsichern, sondern, im Gegenteil, Ihnen mehr Einblick in den Verlauf unserer Entwicklung gewähren, und wir würden uns über Rückmeldungen wirklich sehr freuen. Ebenso gerne sind wir bei Interesse bereit, auch darüberhinaus persönlich unsere Einrichtung vorzustellen, wobei wir es begrüßen würden, wenn Sie sich nach Absprache vor Ort einen besseren Eindruck verschaffen wollen. Doch jetzt komme ich zum ´Inhaltlichen‘:

Konzept:

Kinder, die in der Regel aufgrund von Spannungs- und Mangelsituationen bei uns Aufnahme finden, verfügen nicht über ein sicheres Fundament, auf das sich aufbauen ließe. So sehen wir es als dringendste Aufgabe, dieses nachzubessern, um danach solide aufbauen zu können. Das beinhaltet, daß wir mit regressiven Phasen rechnen, und vor allem, daß wir eine Atmosphäre im Hause schaffen, die möglichst angstfrei und ehrlich emotional ist. Erst mit wachsender Sicherheit durch vorbehaltlose Annahme und Erleben von Authentizität wird der Boden für Weiterentwicklung auf breiter Ebene geschaffen. Den Anspruch umzusetzen, beinhaltet für alle im Hause Tätigen besonderes Engagement. Um spezieller und umfassender wirken zu können, arbeiten wir über das Bezugserziehersystem, wobei im besonderen Rücksicht auf Sympathien von Kinder wie von Mitarbeitern genommen wird. So ist, ohne Wissen der Kinder, jede/r für maximal zwei Kinder in besonderer Form zuständig. Wir sind der Überzeugung, so jedem einzelnen Zögling in größtmöglicher Form gerecht werden zu können.

Für uns als im Haus lebendes Ehepaar und Elternersatz impliziert der Ansatz zusätzlich, daß wir selbstverständlich Urlaub und Festtage mit unseren Kindern gemeinsam verbringen. Darüber hinaus haben wir starkes Interesse an einem langfristigen Engagement aller uns zur Seite stehenden Kräfte im Hause, um in möglichst maximaler Kontinuität einen verläßlichen Rahmen aufrecht erhalten zu können. Unser Ansatz erfordert ein hohes Maß an Empathie, intensivem Engagement und fachlicher Kompetenz.

Durch regelmäßige, intensive Kontakte zu befreundeten Fami lien soll eine möglichst große Annäherung an Normalstrukturen erreicht werden. Jugendlichen ehemaligen Gruppenmitgliedern wird die weitere Kontaktmöglichkeit sowie die Weiterbetreuung außerhalb - im Rahmen der nun fertiggestellten Außenwohngruppe - ermöglicht, die in unmittelbarer Nähe unserer Kreisstadt Husum entstanden ist. Um unserem pädagogischen Anspruch gerecht werden zu können, hat ein Vollzeitmitarbeiter in dem als Doppelhaus konzipierten Bau seinen Lebensmittelpunkt. Hier werden maximal drei Jugendliche (möglichst 'Eigengewächse') betreut und in ihrer Selbständigkeitsentwicklung gefördert.

Über den beschriebenen Weg versuchen wir, die uns anvertrauten Kinder und Jugendlichen gesellschaftsfähig zu machen, um so zu gewährleisten, daß sie später eine reelle Chance haben, ihr Leben autonom und verantwortungsbewußt gestalten zu können.

Klientel:

Um individuelle Bedürfnisse innerhalb der uns zur Verfügung stehenden Möglichkeiten berücksichtigen zu können, nehmen wir maximal 11 Mädchen und Jungen im Alter zwischen 4 und 12 Jahren auf (Ausnahmen werden geprüft). Als spezielle Zielgruppe sehen wir Kinder mit Entwicklungsstörungen bzw. Retardierungen im emotionalen sowie sozialen Bereich.

Wir denken an:
- allgemeine Verhaltensauffälligkeiten
- psychosomatische Erscheinungen, wie z.B. Eßstörungen (Bulimie, Anorexia Nervosa)
- Kontaktfähigkeitsstörungen
- Deprivationssyndrom (Hospitalismus)
- sexuell Mißbrauchte.

Aufgrund der Problematiken gehen wir realistischerweise von eher langfristiger Unterbringung aus, nur so sehen wir die Möglichkeit, wirklich stabilisierend und kompensatorisch tätig werden zu können, was letztlich eine tatsächliche Gesellschaftsfähigkeit bewirken soll. Hieraus resultiert die generelle Ablehnung von Kurzzeitunterbringungen.

In der Außenwohngruppe werden maximal drei Jugendliche, möglichst aus unserem Haupthaus entwachsene, Aufnahme finden, um eine nahtlose Betreuung nach unseren oben beschriebenen Grundsätzen zu gewährleisten.

Räumliche/örtliche Gegebenheiten - Infrastruktur:

Haupthaus

Unser großes altes Haus bietet nicht nur sehr viel Lebensraum, sondern bietet auch vom Charakter her eher die Möglichkeit der individuellen Gestaltung. Die Ein- und Zweibettzimmer werden mit den Kindern eingerichtet und werden selbstverständlich als Intimsphäre eines jeden geachtet, was die individuelle Gestaltung beinhaltet.

Neben dem Haupthaus gibt es auf dem Gelände noch zwei weitere, völlig separate Wohnmöglichkeiten. Zum einen ein Gästehaus und darüber hinaus noch einen großen, beheizbaren Raum über der Doppelgarage mit sanitären Anlagen sowie Dusche. Hier sind Jugendliche untergebracht, die in absehbarer Zeit in die Außenwohngruppe wechseln werden.

Der geschützt liegende Innenhof führt in den weitläufigen Garten des Eckgrundstückes, welches zentral im Ort liegt. Der Ort selbst liegt im Zentrum der Halbinsel Eiderstedt, in touristik-erschlossener Nordseelage, was den hohen Freizeitwert in ländlicher Umgebung unterstreicht.

Im Ort ist eine Grundschule. Alle anderen Schulen werden von Schulbussen angefahren, deren Haltestelle ca. 20 Meter vom Heim entfernt liegt.

Ärzte sowie alle anderen evtl. infrage kommenden Helfer sind im Umkreis von maximal 25 km erreichbar. Die sozialen Dienste des Kreises Nordfriesland, die ebensogut zu erreichen sind, stehen darüber hinaus zur Verfügung. Das nächste Krankenhaus liegt knapp 10 km entfernt in Tönning.

Außenwohngruppe

Durch die unmittelbare Nähe der Kreisstadt (ca. 2 km) bietet der Standort eine sehr günstige Infrastruktur. Von hier aus können Lehrstellen und

Berufsschulen, auch in anderen Städten, problemlos mit öffentlichen Verkehrsmitteln erreicht werden. Jugendaufbauwerke, Arbeitsamt, Einkaufs- und Freizeitmöglichkeiten befinden sich entweder direkt vor Ort oder sind bequem mit dem Fahrrad, Mofa oder Bus/Bahn zu erreichen.

Bereits bei Beginn unserer Tätigkeit war uns klar, daß der Aufbau einer solchen Außenwohngruppe spätestens dann unerläßlich sein würde, wenn 'unsere Kinder' die Schulzeit hinter sich lassen. So besteht die Möglichkeit, sie bis zur völligen Selbständigkeit ohne Beziehungsbruch zu betreuen. Das ist für uns sehr bedeutungsvoll. Besonders freut uns, daß wir einen Standort finden konnten, der zwar sehr zentral liegt, aber dennoch in einer intakten, dörflichen Umgebung angesiedelt ist, welche unserem Klientel vertraut ist und ihm zusätzliche Sicherheit bietet.

Personelle Situation:

Wir, als im Hause mitwohnendes Ehepaar, haben folgende Qualifikationen:

Sylvia, meine Ehefrau, ist Erzieherin sowie Biologielaborantin und hat jahrelange Erfahrungen als ehrenamtliche Mitarbeiterin im psychosozialen Bereich. Sie war maßgeblich am Aufbau unserer Einrichtung beteiligt und setzt mit ihrem Engagement immer wieder entscheidende Impulse.

Ich bin Erzieher und Diplom-Sozialpädagoge (Studienschwerpunkte: Elementarerziehung sowie Kinder- und Jugendpsychia trie). Im Studiengang der Erziehungs- und Sozialwissenschaften (Schwerpunkte: Psychologie und Soziologie) konnte ich mich in sieben Semestern gezielt mit mir wichtigen Thematiken beschäftigen, ohne dabei einen weiteren akademischen Abschluß erreichen zu wollen.

Außerdem habe ich den Grundkurs 'Gestalttherapie' an einem Frankfurter Institut absolviert.

Noch beschäftigt in unserem Hause sind drei weitere Fachkräfte. Eine Erzieherin ist schwerpunktmäßig in Heim- und Heilpädagogik ausgebildet und eine Hauswirtschaftsmeisterin.

Für die Außenwohngruppe ist eine männliche Vollzeitkraft, die vor Ort ihren Lebensmittelpunkt hat, eingestellt. Darüber hinaus wird diese Gruppe von meiner Frau und mir eng mitbetreut.

Seit Jahren wird das Team mit Supervision begleitet. Der Mitarbeiter der Außenwohngruppe nimmt selbstverständlich an Teambesprechungen und Supervision teil.

Schwerpunkte unserer Arbeit:

Bedingt durch die ländliche Struktur Eiderstedts haben die bei uns untergebrachten Kinder die Möglichkeit, sich in der Natur selbst zu erfahren. Der hier noch selbstverständliche, artgerechte Umgang mit Tieren, die Möglichkeit der Nähe, Pflege bis zur Anwesenheit bei Tiergeburten, vermittelt ihnen elementare Eindrücke und ist häufig Anstoß, sich selber neu kennenzulernen, sich annehmen zu können.

Über unseren großen Zier- und Nutzgarten, in dem jedes Kind einen eigenen Teil überantwortet bekommt, besteht für viele das erste Mal die Möglichkeit, etwas Eigenes zu schaffen. Die begleitende Arbeit, vom Vorbereiten des Bodens bis zur Zubereitung der geernteten Früchte birgt weit mehr in sich als nur das Kennenlernen von Gartentätigkeiten. Für viele Kinder hat diese kontinuierliche, zielgerichtete Arbeit geradezu therapeutischen Charakter.

Ein weiterer besonderer Schwerpunkt des Hauses besteht darin, den Kindern Freude an kreativem Tun zu geben. Sie erfahren bei uns im Rahmen des Modellierens Anregungen im Umgang mit unterschiedlichen Materialien (wie Ton oder Gips) die Herangehensweise an Literatur oder aber den Umgang mit anderen Medien des Ausdrucks, wie etwa Fotografie oder

Zeichnung. Über diesen Weg haben wir es geschafft, die sonst so dominanten elektronischen Medien wie: Fernsehen, Video, Computerspiel und Game Boy zu 'entsensationalisieren'. Unsere Kinder erfahren, wie mannigfaltig und unerschöpflich das eigene Tun ist. Die Medien finden bei ihnen nur noch den ihnen zustehenden Platz am Rande.

Der so mittlerweile gefundene klare, sichere Rahmen, den ich gerne als 'Gerüst' unserer Einrichtung bezeichne, gibt unseren Kindern die vermißte Sicherheit in Kontinuität, die für eine möglichst umfassende Kompensation ihrer unterschiedlich vielen und stark ausgeprägten Defizite dringend notwendig ist. Über diese Verläßlichkeit, Authentizität und Konsequenz in Wort und Handlung schaffen wir ein Klima im Hause, welches ich mit offen, emotional und echt bezeichnen möchte. Regressive Phasen verstehen wir als Nachbesserung des Fundamentes, ohne das eine wirkliche, positive Weiterentwicklung nur unvollständig stattfinden kann. Wir lassen sie somit nicht nur zu, sondern begrüßen sie sogar als ersten positiven Schritt und Annahme unserer Rahmenbedingungen.

Die Tatsache, daß wir als Ehepaar mit im Hause wohnen, hat sich als besonders stabilisierendes Element erwiesen. Wir sind für alle Kinder durch erfahrene, absolute Kontinuität, auch in der Präsenz, die wirkliche Bezugssicherheit. Das wirkt sich natürlich positiv auf die Intensität und auf die Qualität der Beziehung aus und war ein Hauptgrund, dies analog in der Außenwohngruppe fortzuführen. Auch hier sollen die Jugendlichen, die sich nun in der für sie neuen Erwachsenenwelt zurechtfinden sollen, immer die Möglichkeit haben, einen Ansprechpartner zu finden, der ihnen über Unsicherheiten hinweghilft und Vorbildfunktionen erfüllt. Darüber hinaus gewährleistet der Mitarbeiter, daß ein Rahmen eingehalten wird, der Aufgebautes sowie Entwicklung (Lehrstellen etc.) nicht gefährdet.

Abschließend möchte ich bemerken, daß wir unserer Maxime, einmal aufgenommene Kinder auch bei auftretenden größeren Schwierigkeiten nicht wieder abzugeben, treu geblieben sind. Um auch in Zukunft weiter so verfahren zu können, möchte ich Sie darum bitten, uns vor der Aufnahme von Kindern alle Informationen über sie, die verfügbar sind, zukommen zu lassen. Sollten Sie Interesse haben, unsere Einrichtung näher kennenzulernen, sind wir gerne bereit, Sie nach Absprache persönlich vor Ort zu informieren. Bei Bedarf kann in einem Gästehaus auf dem Grundstück die Möglichkeit zur Übernachtung geboten werden.

Zitate

Liebe mich am meisten,
wenn ich es am wenigsten verdiene;
denn dann brauche ich es am dringendsten.
(N.N.)

Man sieht nur mit dem Herzen gut;
das Wesentliche ist für die Augen unsichtbar.
(Antoine de Saint-Exupéry, 1900-1940)

FRAGEBOGEN ZUR ARBEITSSITUATION

ALLE FRAGEN MÖGLICHST KLAR UND KURZ, STICHPUNKTARTIG BEANTWORTEN ODER EINFACH ANKREUZEN

WIE FÜLLST DU DIE FREIRÄUME, DIE DADURCH ENTSTEHEN, DAß UNSER ZIVI OFT BIS ZU 50 PROZENT DER KINDER - UND MEHR - BINDET?

WAS HAST DU ÜBER DAS TAGESMANAGEMENT HINAUS GEMACHT, ZULETZT MIT WEM?
A:

MIT DEINEN BEZUGSKINDERN GEZIELT GEMACHT?
B:
C:

WELCHE MEDIEN/MITTEL HAST DU EINGESETZT?

MIT WELCHEM ERFOLG?

GGF. WELCHE ALTERNATIVEN MITTEL/MEDIEN WURDEN GEWÄHLT?

BZW. WELCHE THEMATIK IST DEIN NÄCHSTES THEMA BEI:
A:
B:
C:

UND AUFGRUND WELCHER AUFFÄLLIGKEITEN?

WIE UND WOMIT WILLST DU ES WANN ANGEHEN UND IN WELCHER FORM FÜR DAS RESTTEAM TRANSPARENT MACHEN?

WIE BENOTEST DU DIE NÄHE ZU DEINEN BEZUGSKINDERN AUF EINER SKALA VON + 10 BIS - 10?
+ 10 9 8 7 6 5 4 3 2 1 2 3 4 5 6 7 8 9 10 -

WIE SCHÄTZT DU DIE NÄHE DEINER BEZUGSKINDER ZU DIR AUF EINER SKALA VON + 10 BIS - 10 EIN?
+ 10 9 8 7 6 5 4 3 2 1 2 3 4 5 6 7 8 9 10 -

WIE BEURTEILST DU DEIN ENGAGEMENT UND DEINE PRÄSENZ INNERHALB DEINER DIENSTE?
+ 10 9 8 7 6 5 4 3 2 1 2 3 4 5 6 7 8 9 10 -

HÄLTST DU ERZIEHUNGSPLANUNG FÜR SINNVOLL?
JA NEIN

WAS SPRICHT GEGEN ERZIEHUNGSPLANUNG MIT NACHVOLLZIEHBARER ERFOLGSKONTROLLE?

BEFÜRWORTEST DU SUPERVISION?
JA NEIN

WIE OFFEN UND EHRLICH GIBST DU DICH BEI UNSERER SUPERVISION AUF EINER BEWERTUNGSSKALA VON + 10 BIS - 10 EIN?
+ 10 9 8 7 6 5 4 3 2 1 2 3 4 5 6 7 8 9 10 -

WIE HOCH IST DER STELLENWERT VON FACHLICHKEIT UND DEREN UM SETZUNG IN DER ARBEIT FÜR DICH (SKALA + 10 BIS - 10)?

+ 10 9 8 7 6 5 4 3 2 1 2 3 4 5 6 7 8 9 10 -

WIE HOCH SCHÄTZT DU DEN STELLENWERT VON OFFENER UND EHRLICHER EMOTIONALITÄT BEI DER ARBEIT EIN (SKALA + 10 BIS - 10)

+ 10 9 8 7 6 5 4 3 2 1 2 3 4 5 6 7 8 9 10 -

WIE HOCH SCHÄTZT DU DIE EINGABE DEINER OFFENEN EHRLICHEN EMOTIONALITÄT INNERHALB DEINER DIENSTE EIN (SKALA + 10 BIS - 10)?

+ 10 9 8 7 6 5 4 3 2 1 2 3 4 5 6 7 8 9 10 -

WARUM, GLAUBST DU, WIRD ALLES ERFRAGT?

Literatur/Quellen

ARIÈS, Philippe: Geschichte der Kindheit, München 1981

BRIER, Ralf: Spielen im Elementarbereich / Sinnloser Zeitvertreib oder notwendiges Element im Sozialisationsprozeß, Kiel 1983

DIENSTBUCHAUSZÜGE des Kinderhauses Eiderstedt Tetenbüll 1990-1995

DIENSTBESPRECHUNGS-Protokollauszüge des Kinderhauses Eiderstedt Tetenbüll 1990-1995

FREIRE, Paolo: Pädagogik der Unterdrückten, Hamburg 1973

- Erziehung als Praxis der Freiheit, Hamburg 1977
- Der Lehrer ist Politiker und Künstler, Hamburg 1981

GSCHWIND, Ulrich: Erzieherin 2000: Mutter, Forscherin oder Fachfrau für Überlebensfragen in der Wildnis? In: R. Soisson (Hg.), Politik, Forschung und Ausbildung in der Heimerziehung, Zürich 1993, S. 142-158

MILLER, Alice: Das Drama des begabten Kindes, Frankfurt 1979

- Am Anfang war Erziehung, Frankfurt 1980
- Du sollst nicht merken, Frankfurt 1981
- Der gemiedene Schlüssel, Frankfurt 1988
- Abbruch der Schweigemauer, Hamburg 1993

MITRANSKY, Uwe: Belastung von Erziehern, Frankfurt 1990

PERLS, Frederick S.: Gestalt - Wahrnehmung/Verworfenes und Wiedergefundenes aus meiner Mülltonne, Frankfurt 1981

PILGRIM, Volker Elis: Elternaustreibung, Hamburg 1986

STAEMMLER, Frank-M./BOCK, Werner: Ganzheitliche Veränderung in der Gestalttherapie, München 1991

STORR, Peter: Gesetze für Sozialwesen (Blattsammlung), Regensburg 1994

WIECK, Wilfried: Männer lassen lieben/Die Sucht nach der Frau, Stuttgart 1987

- Wenn Männer lieben lernen, Stuttgart 1990